I0497554

Ce Livre appartient à

....

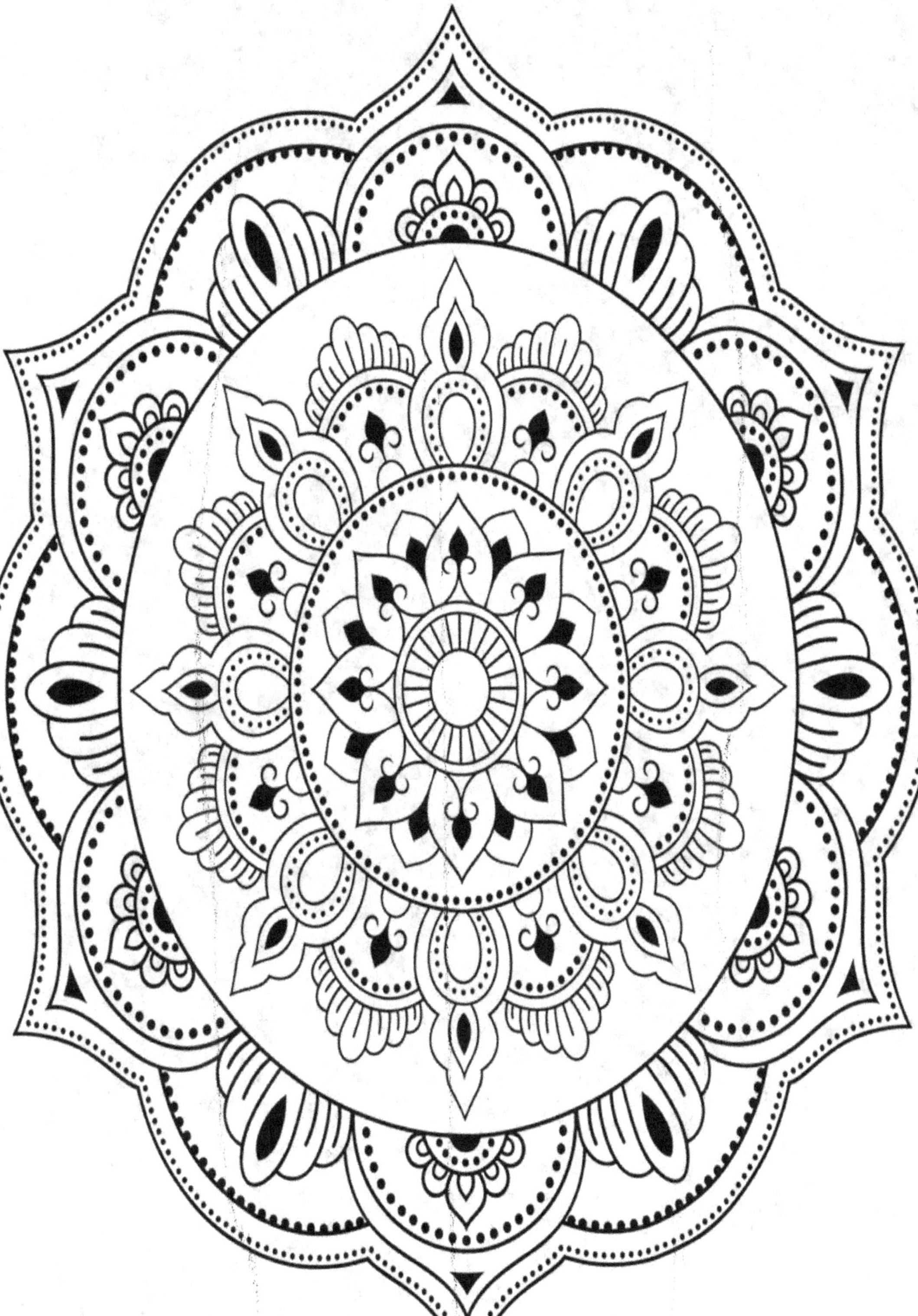

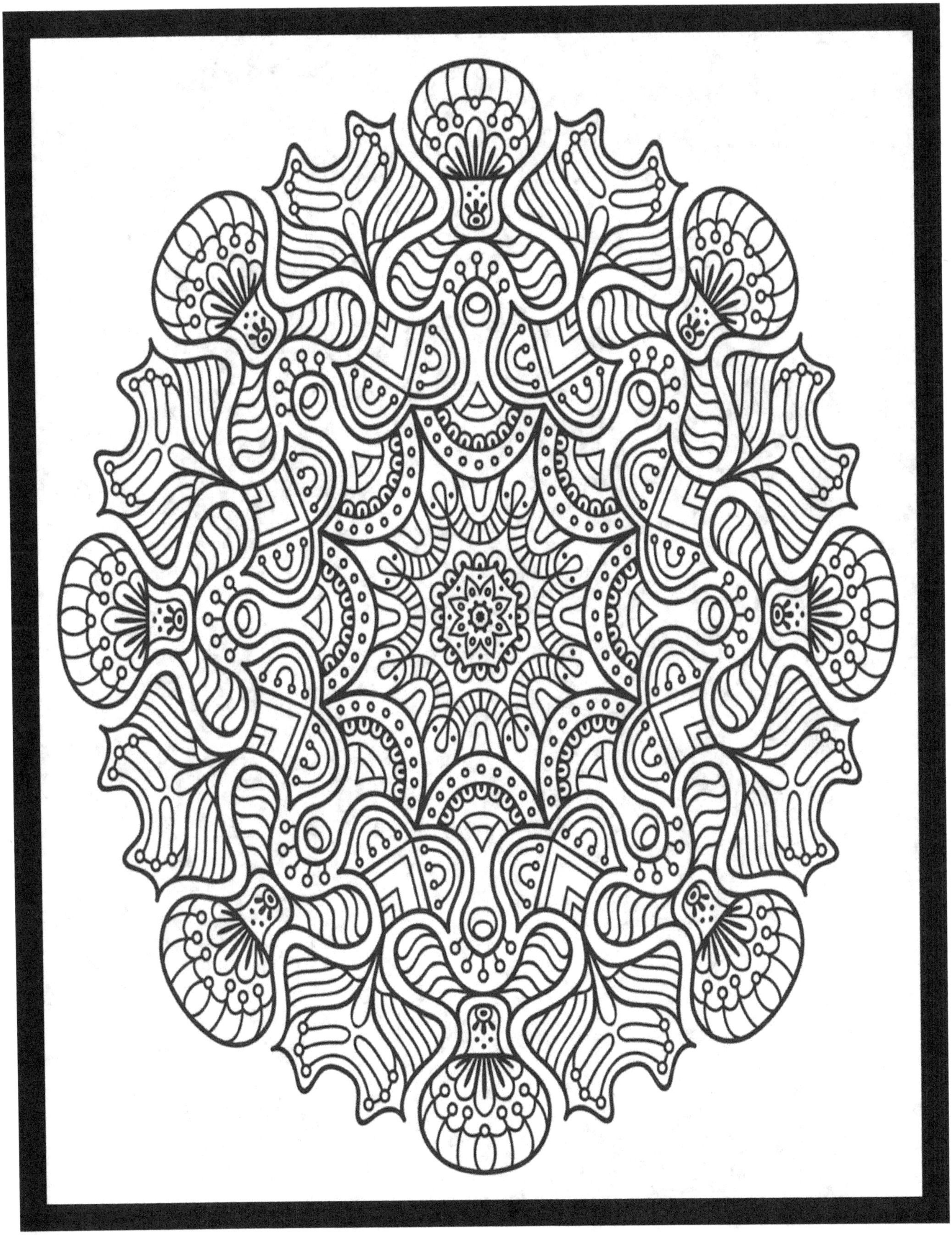

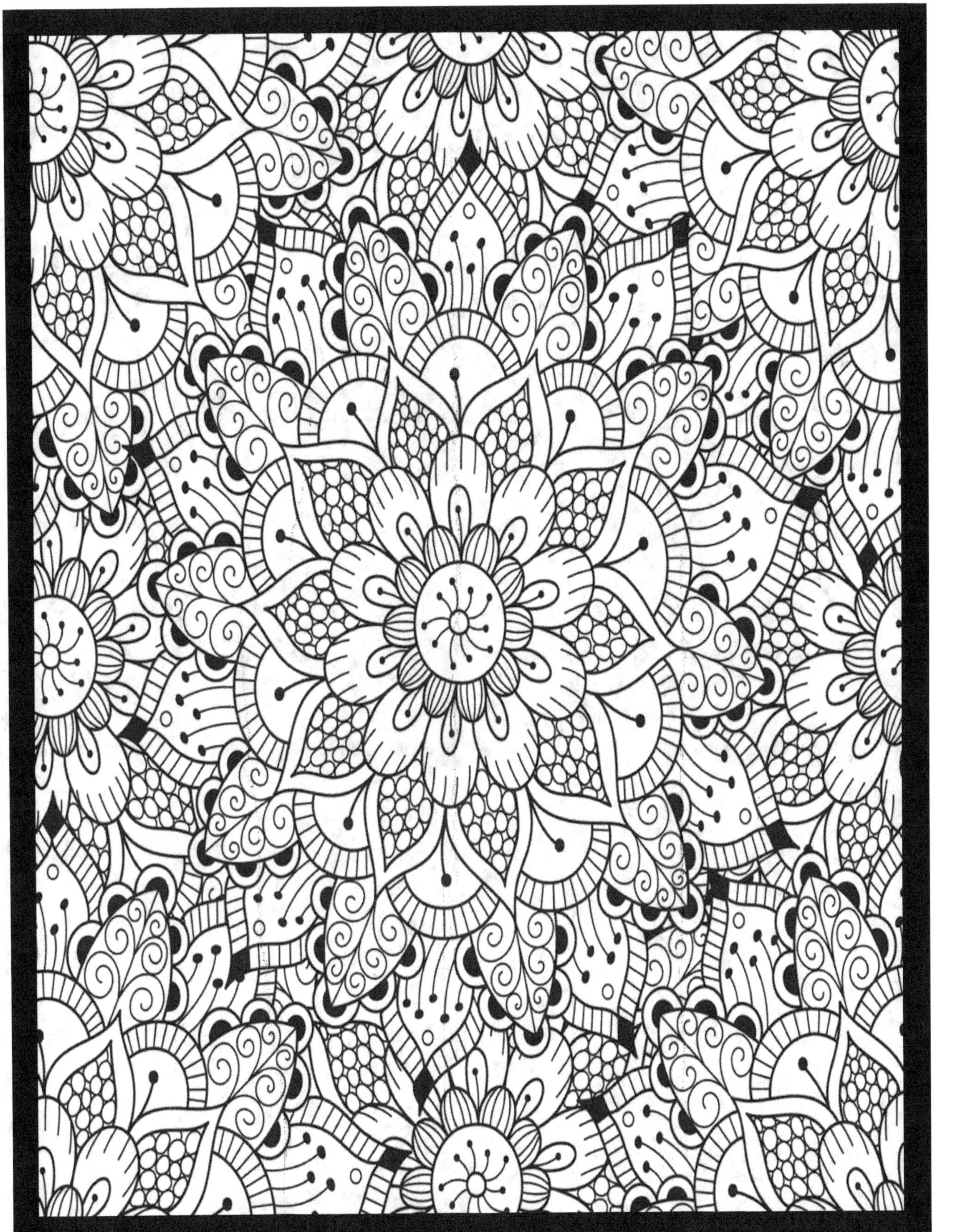

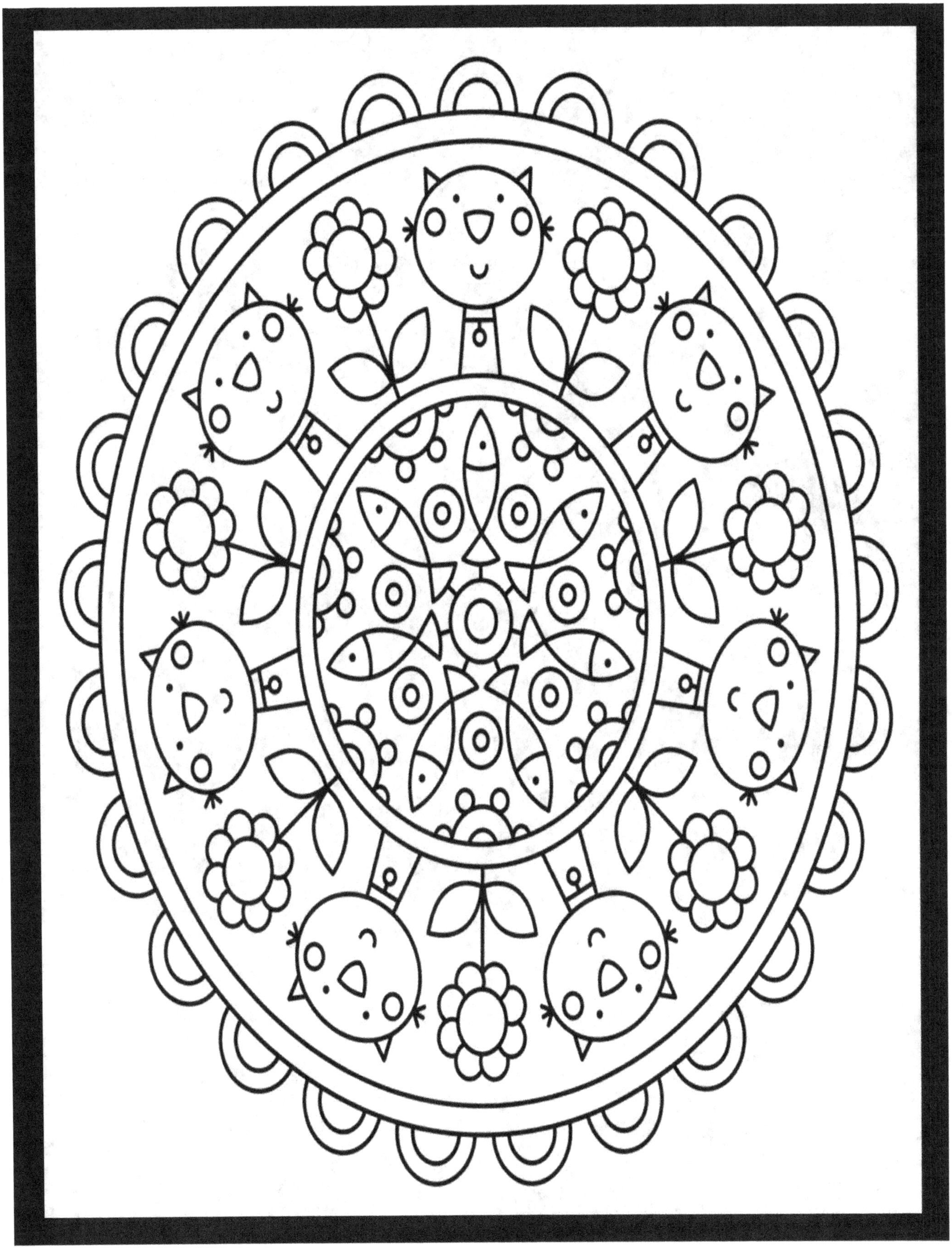

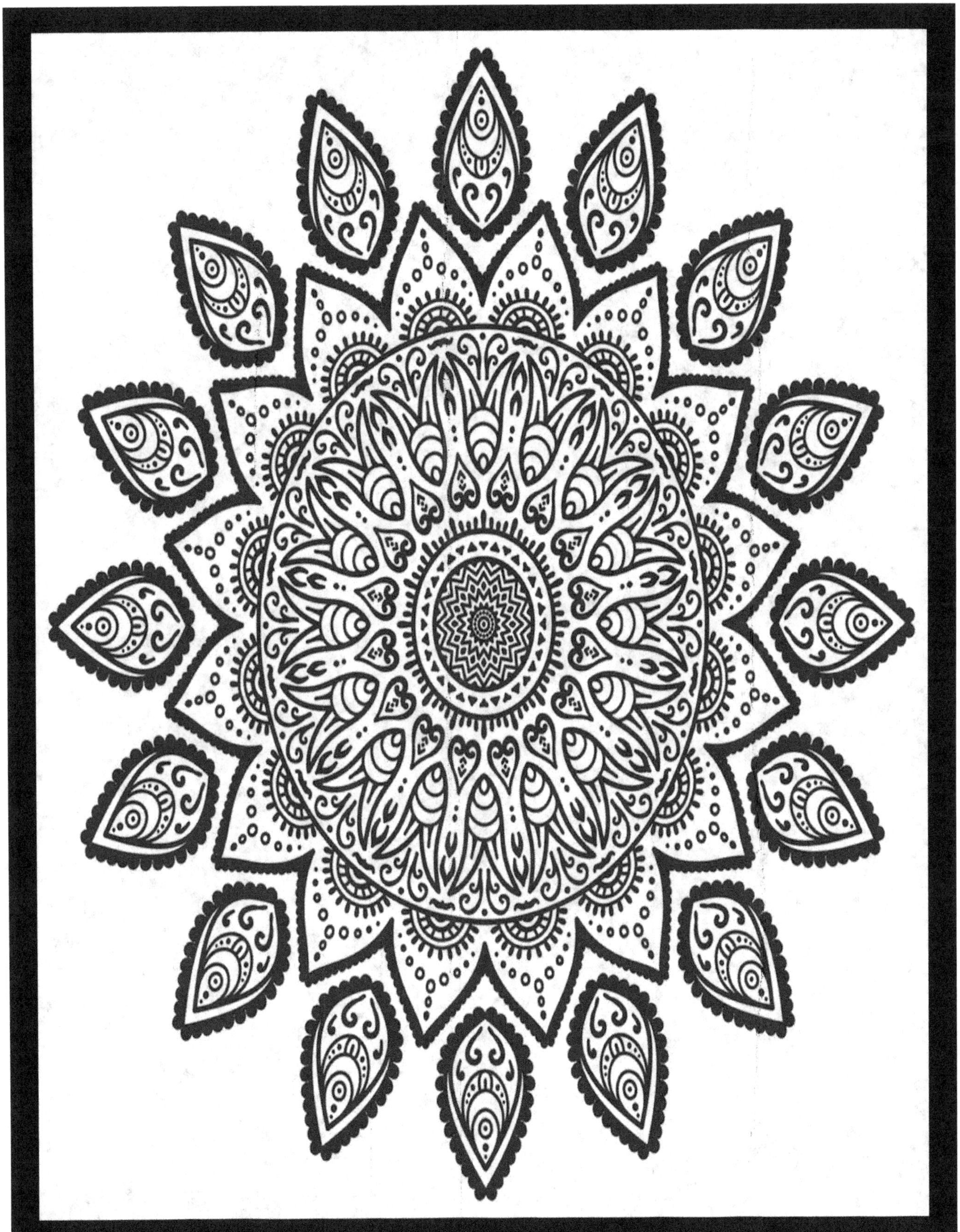

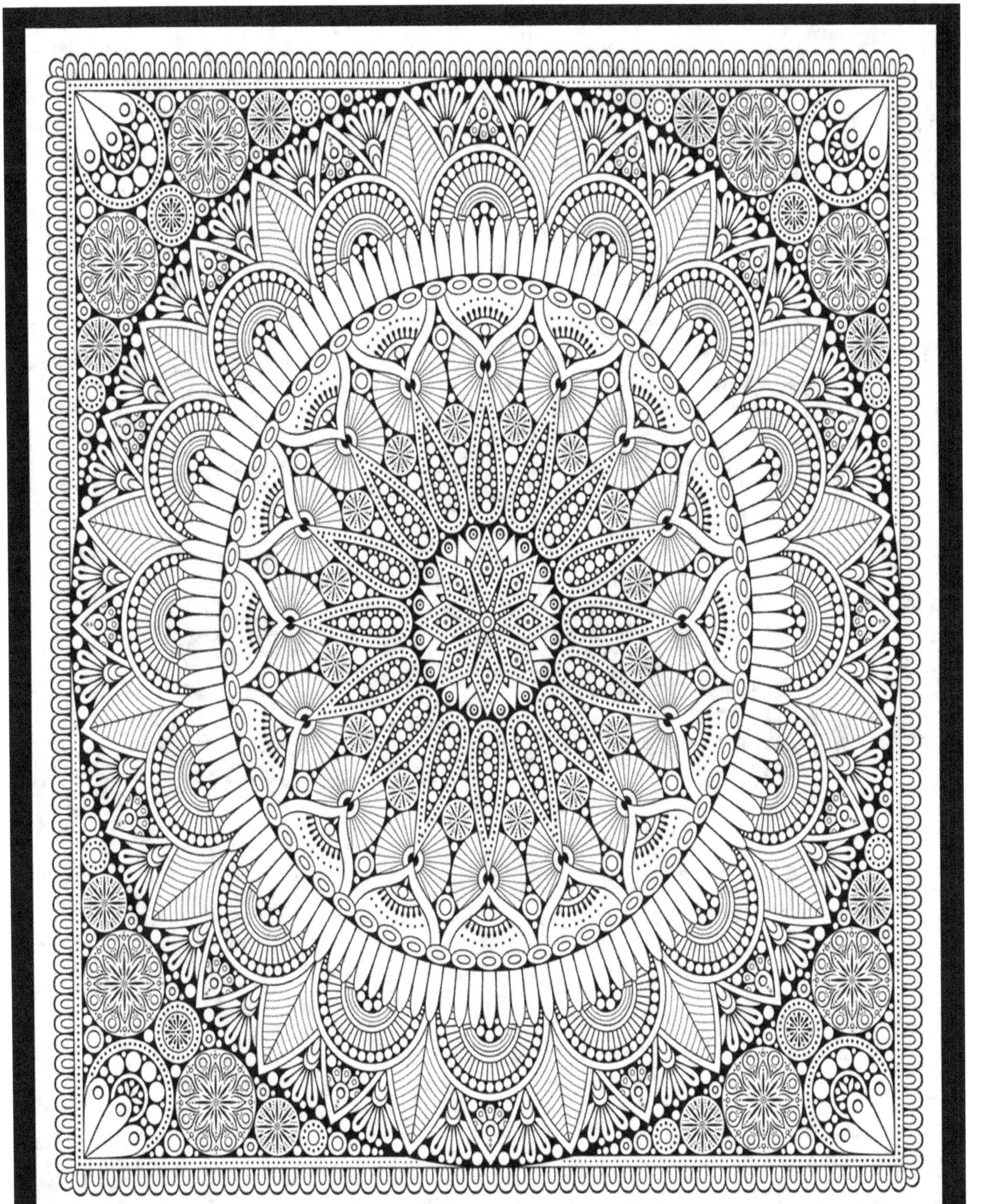

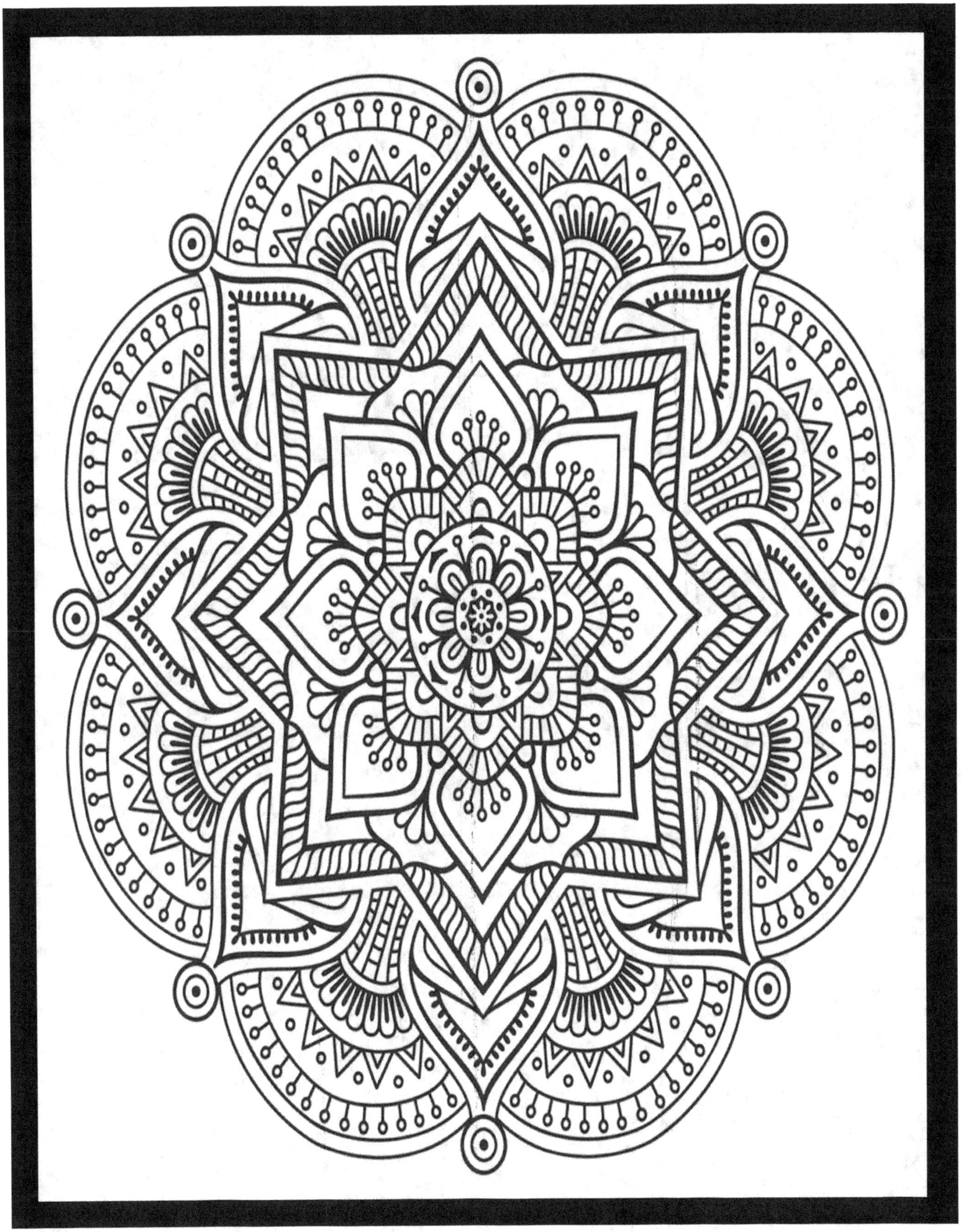

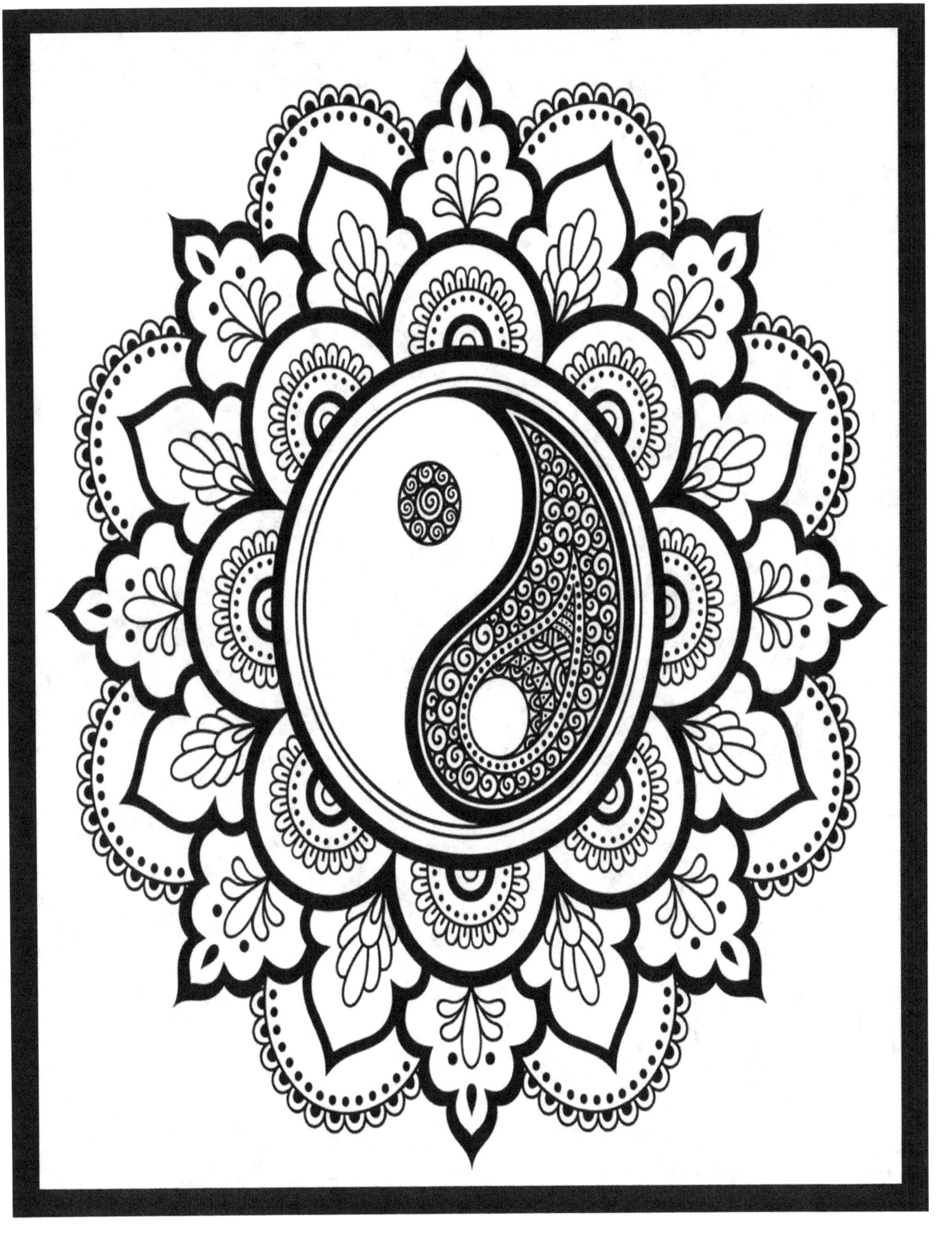

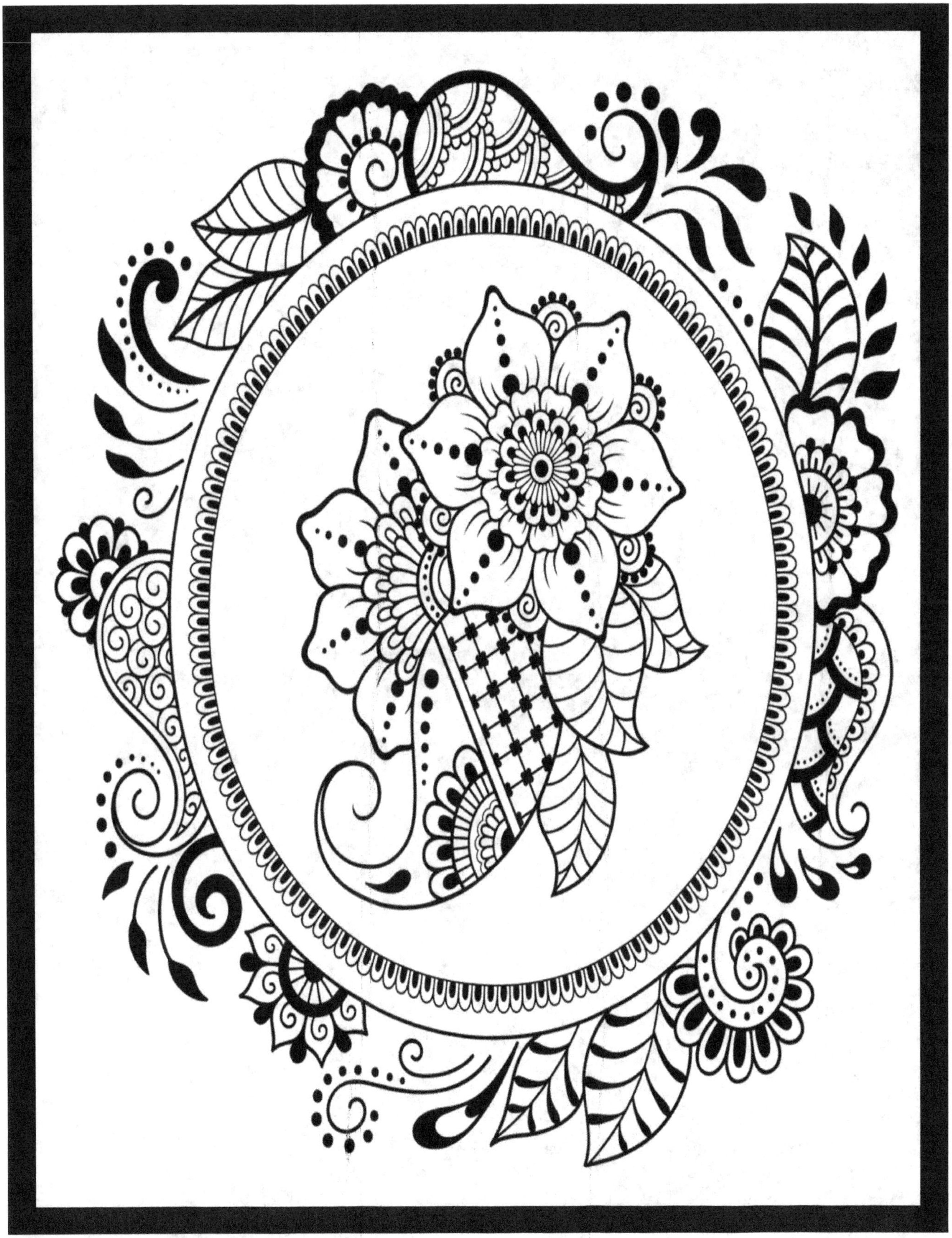

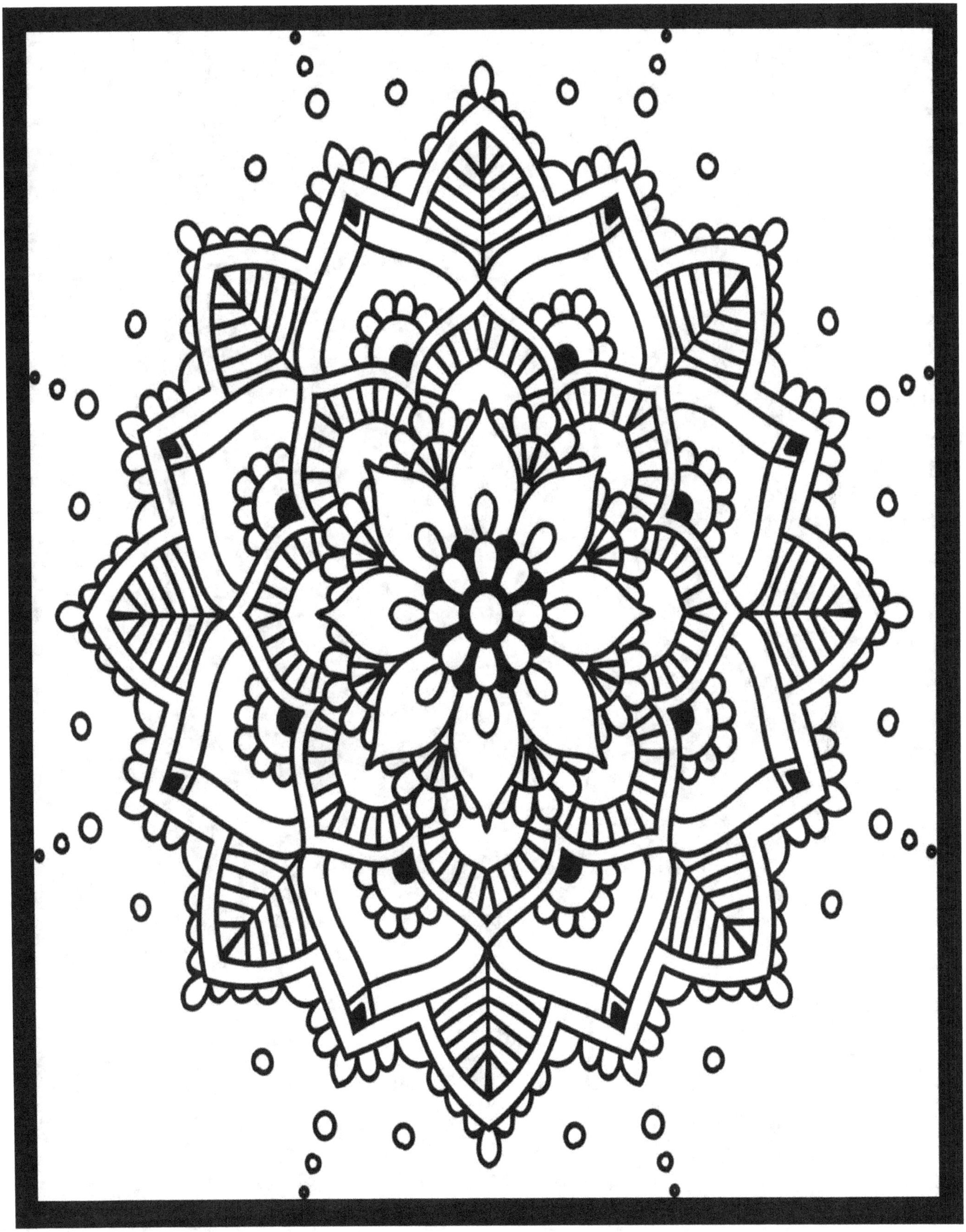

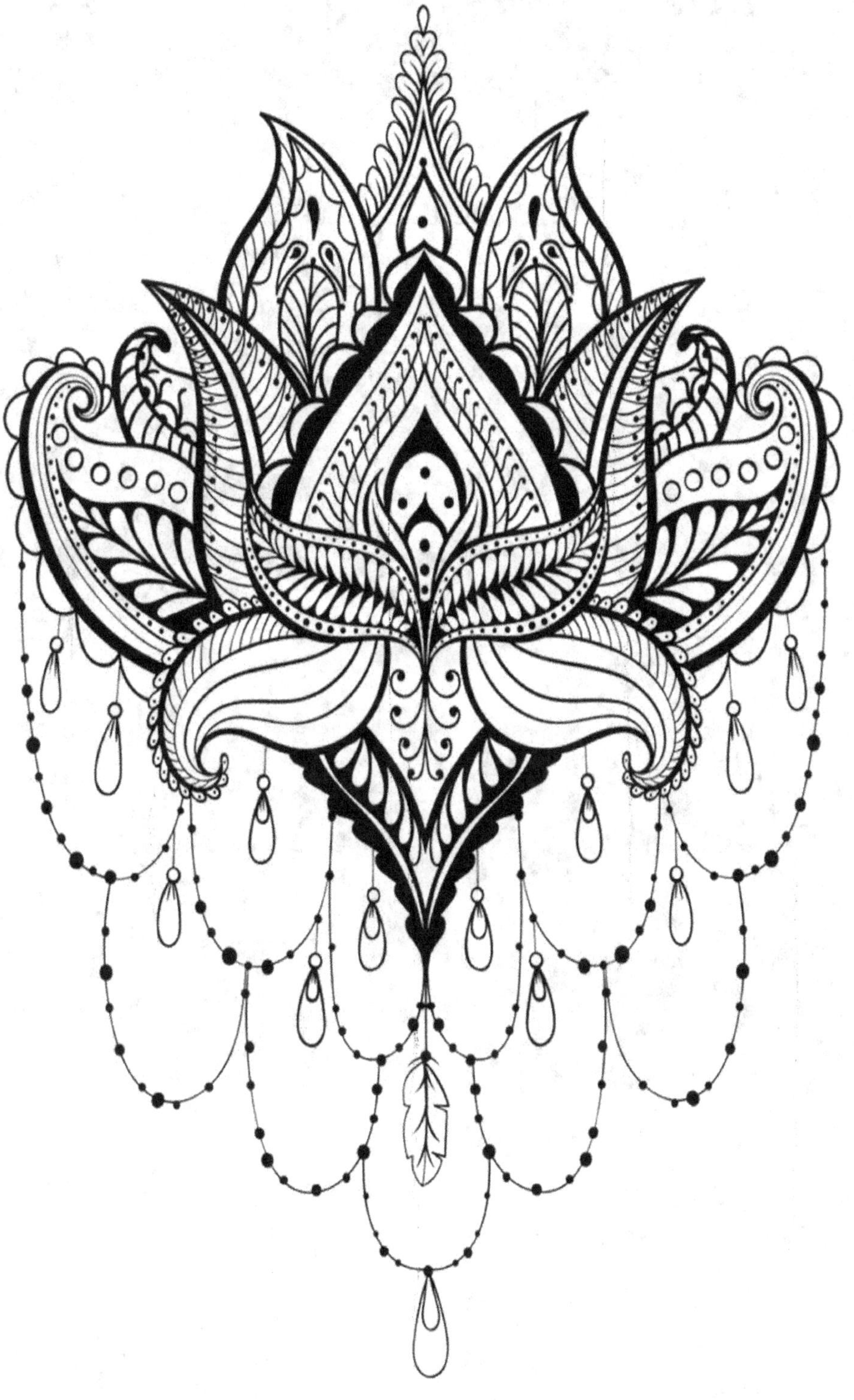

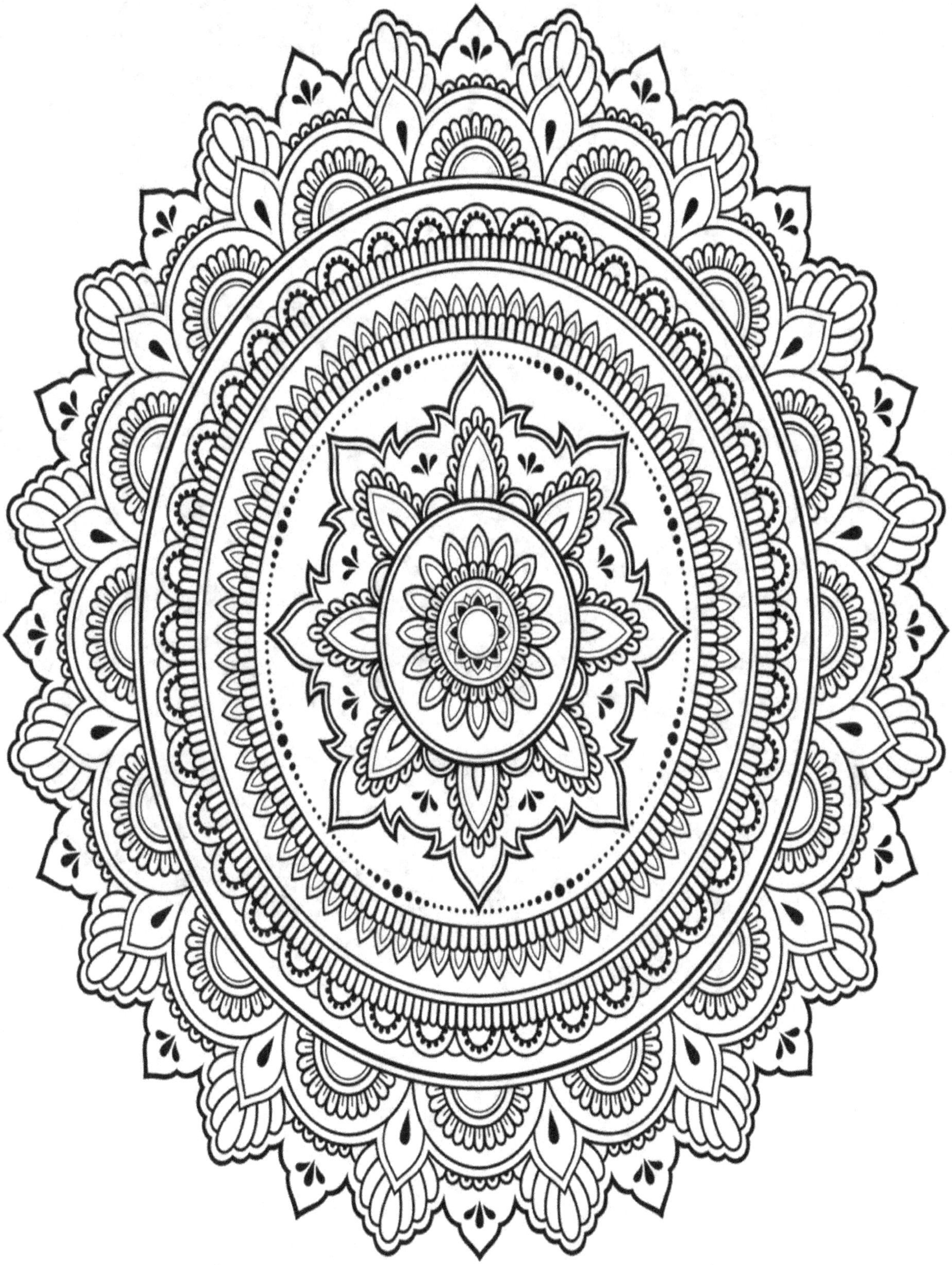

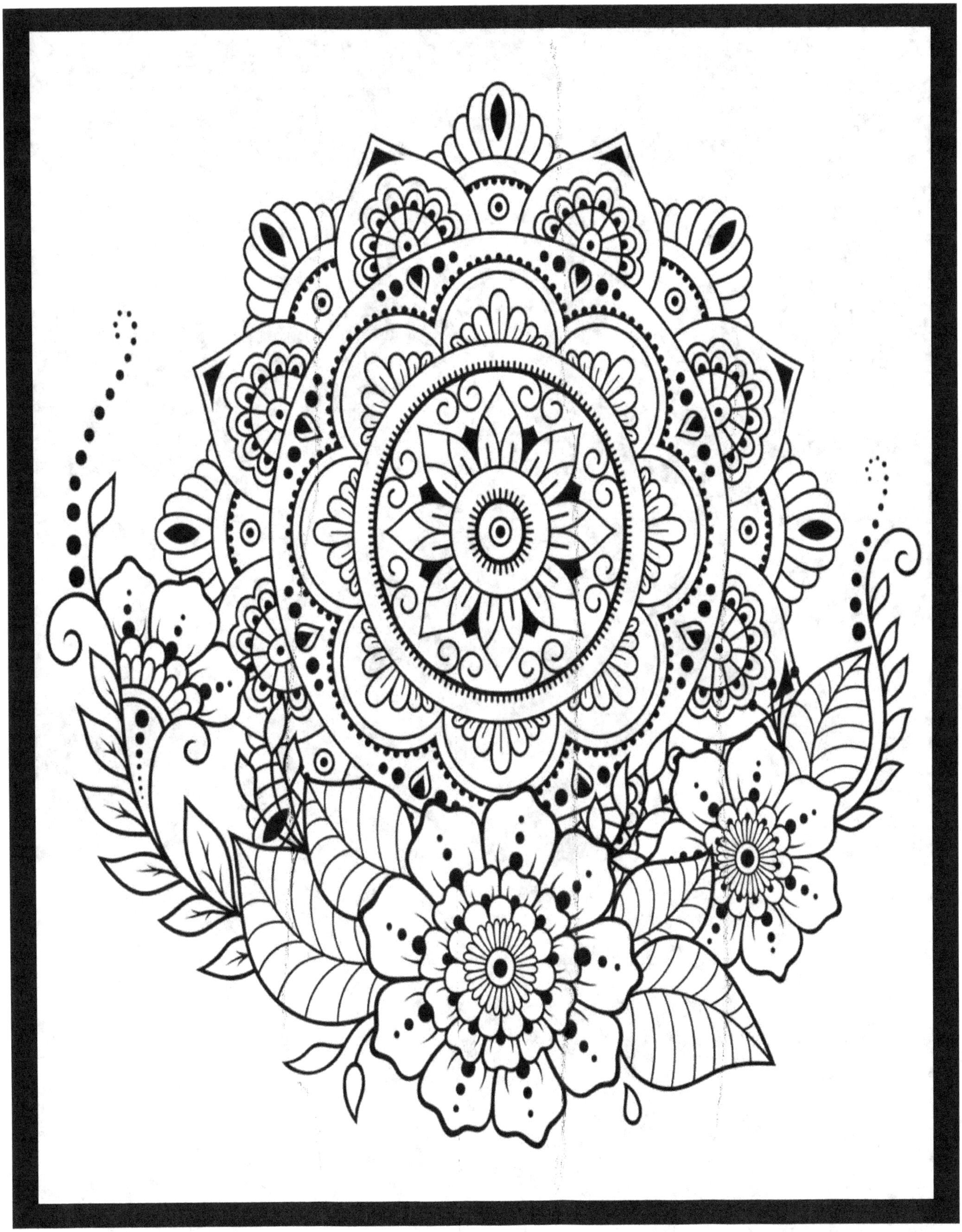

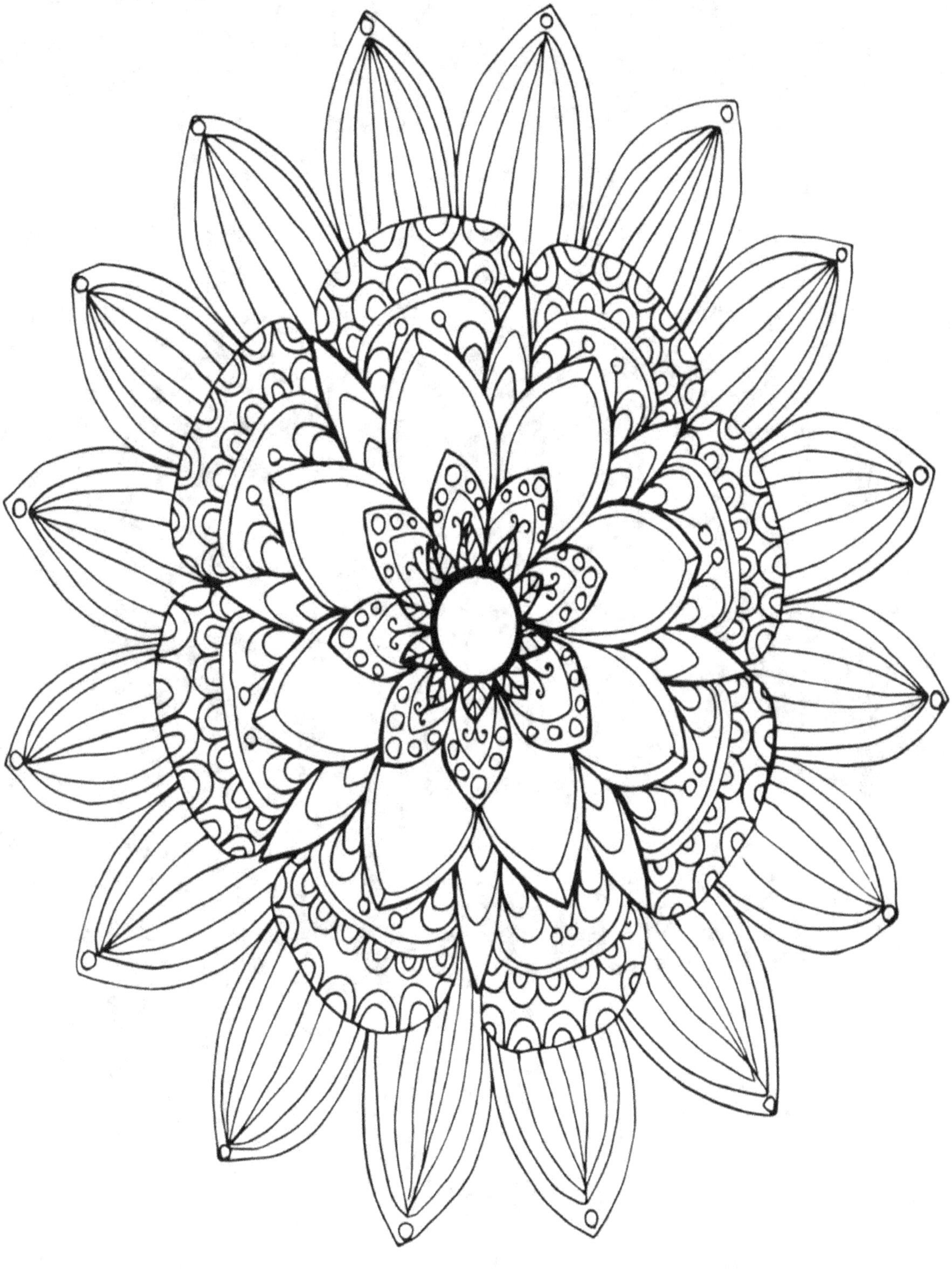

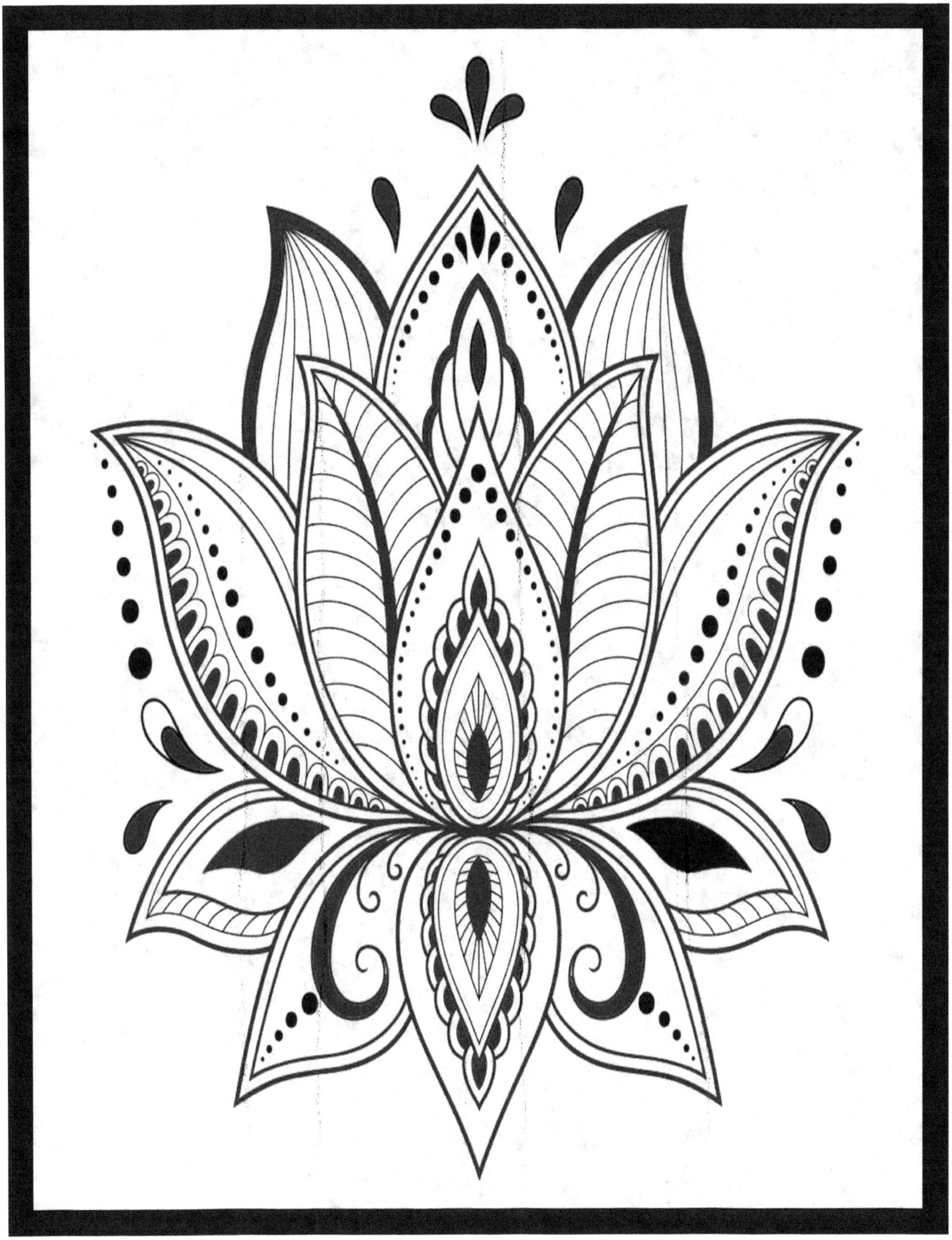

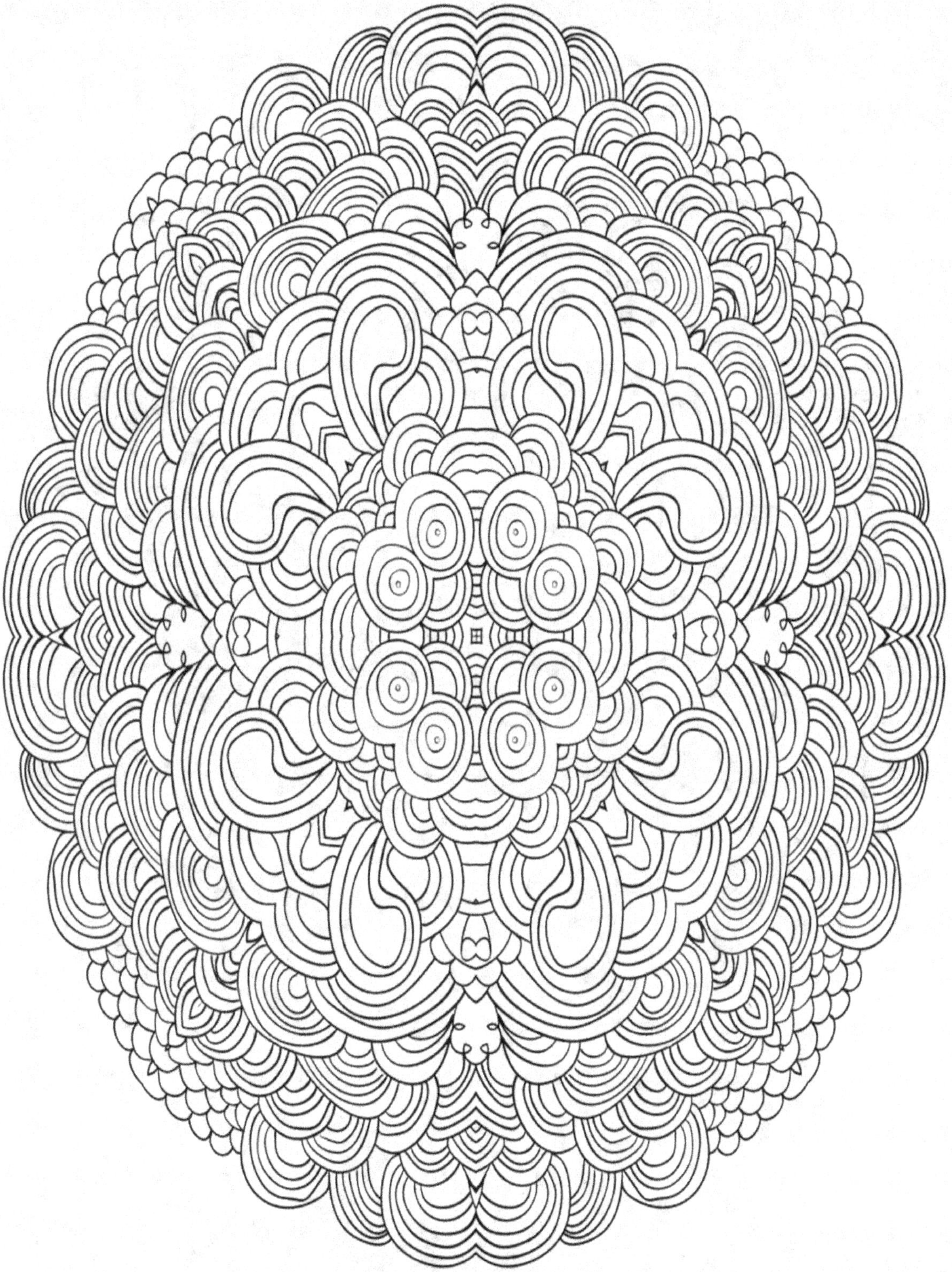

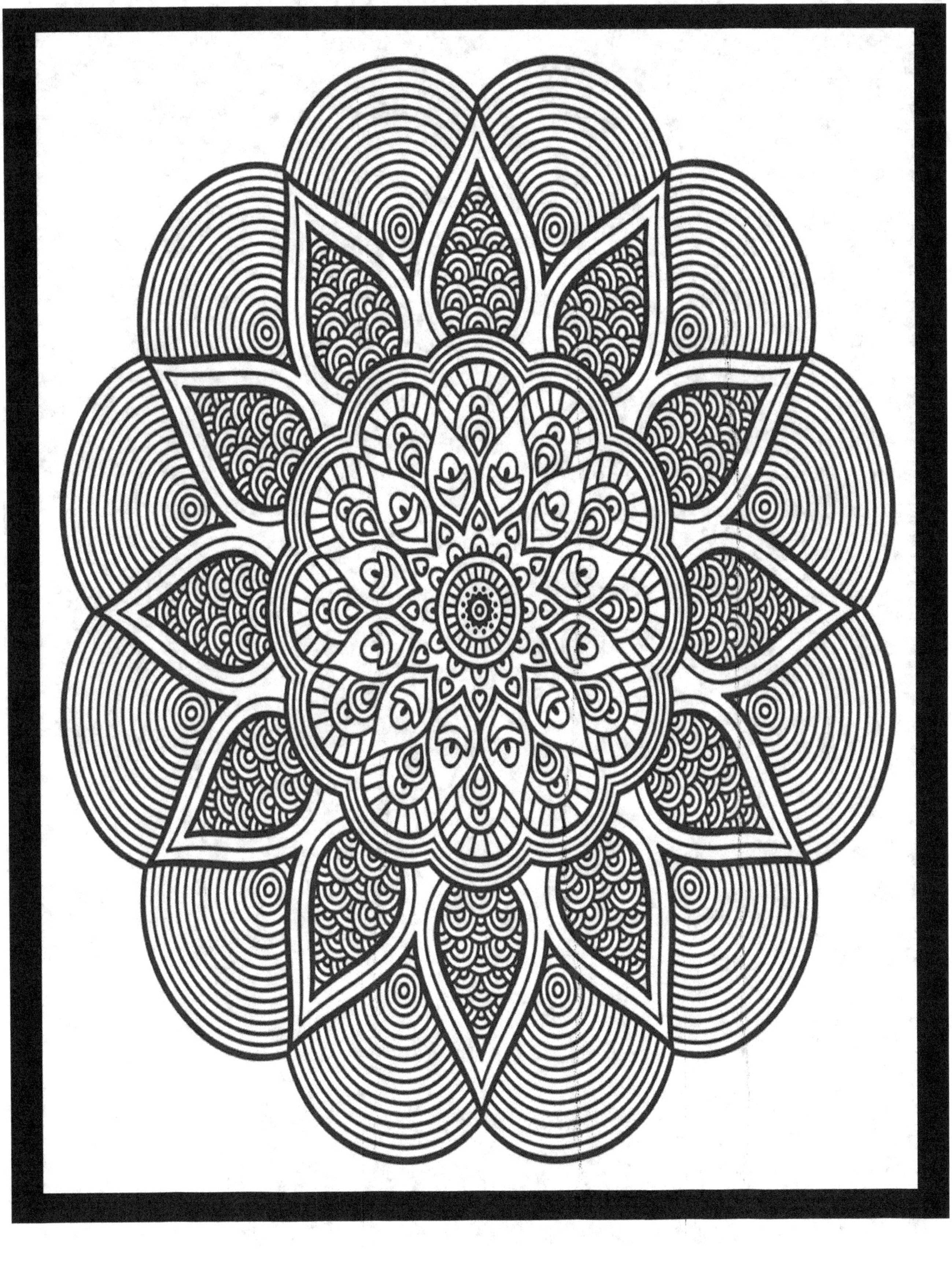

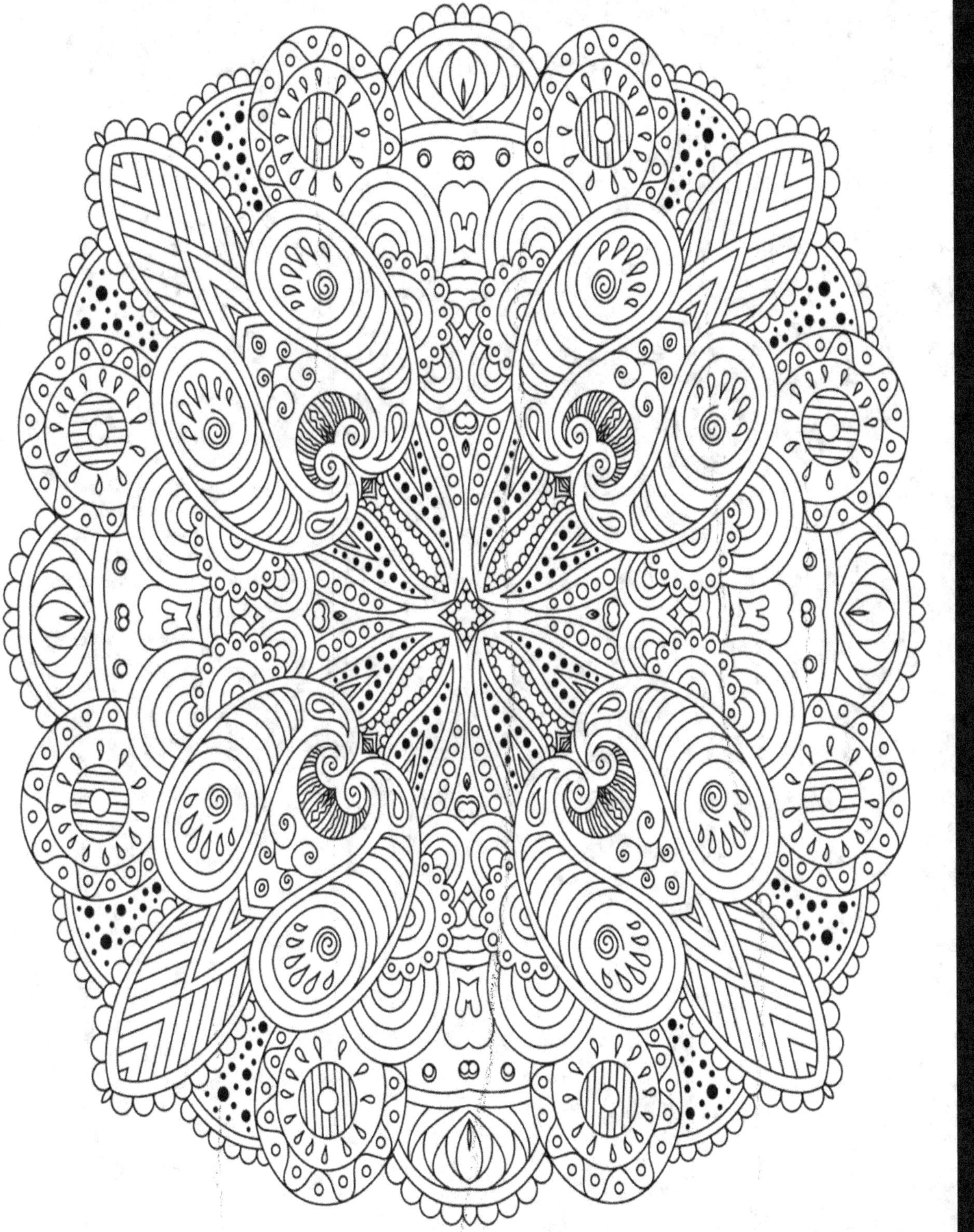

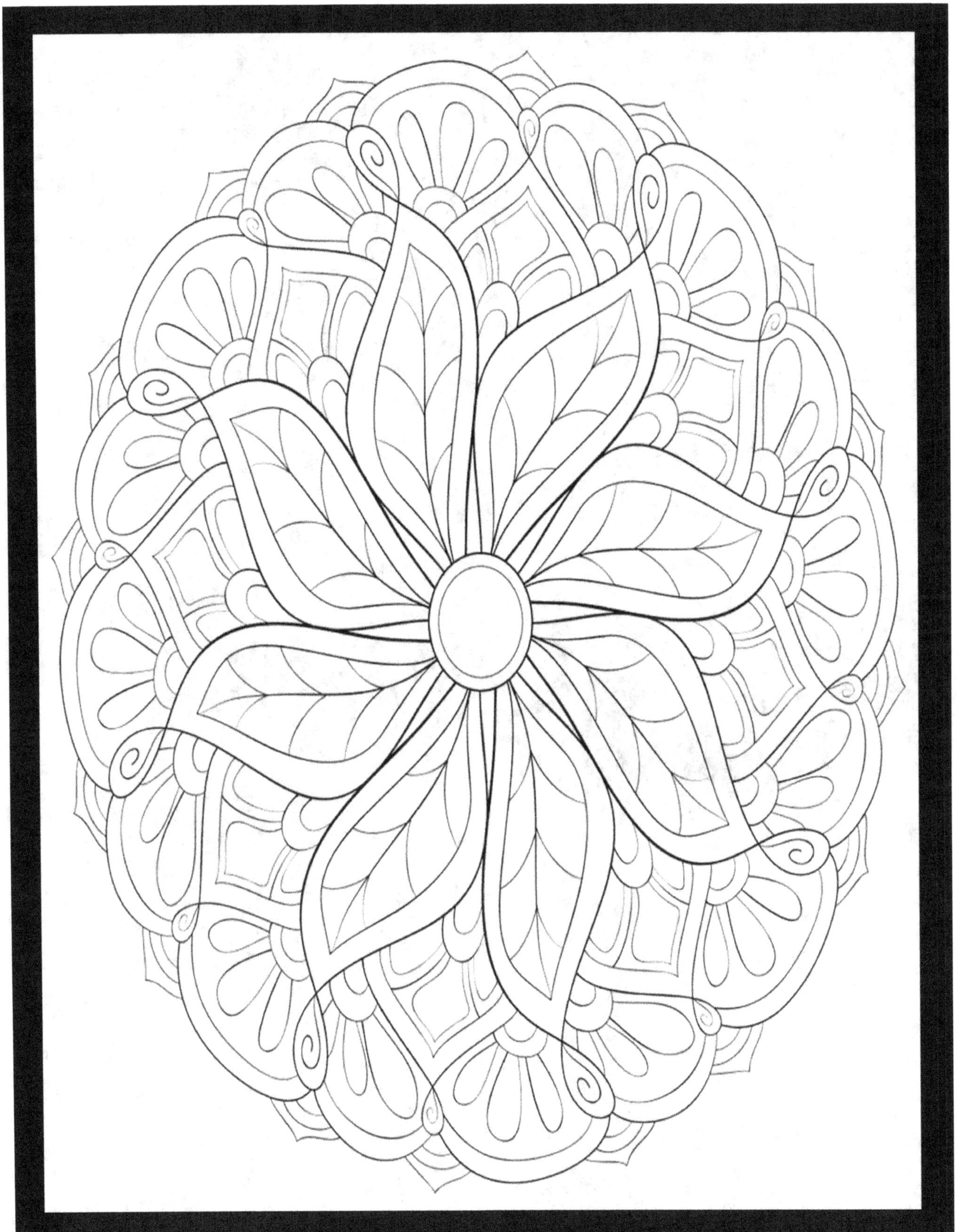

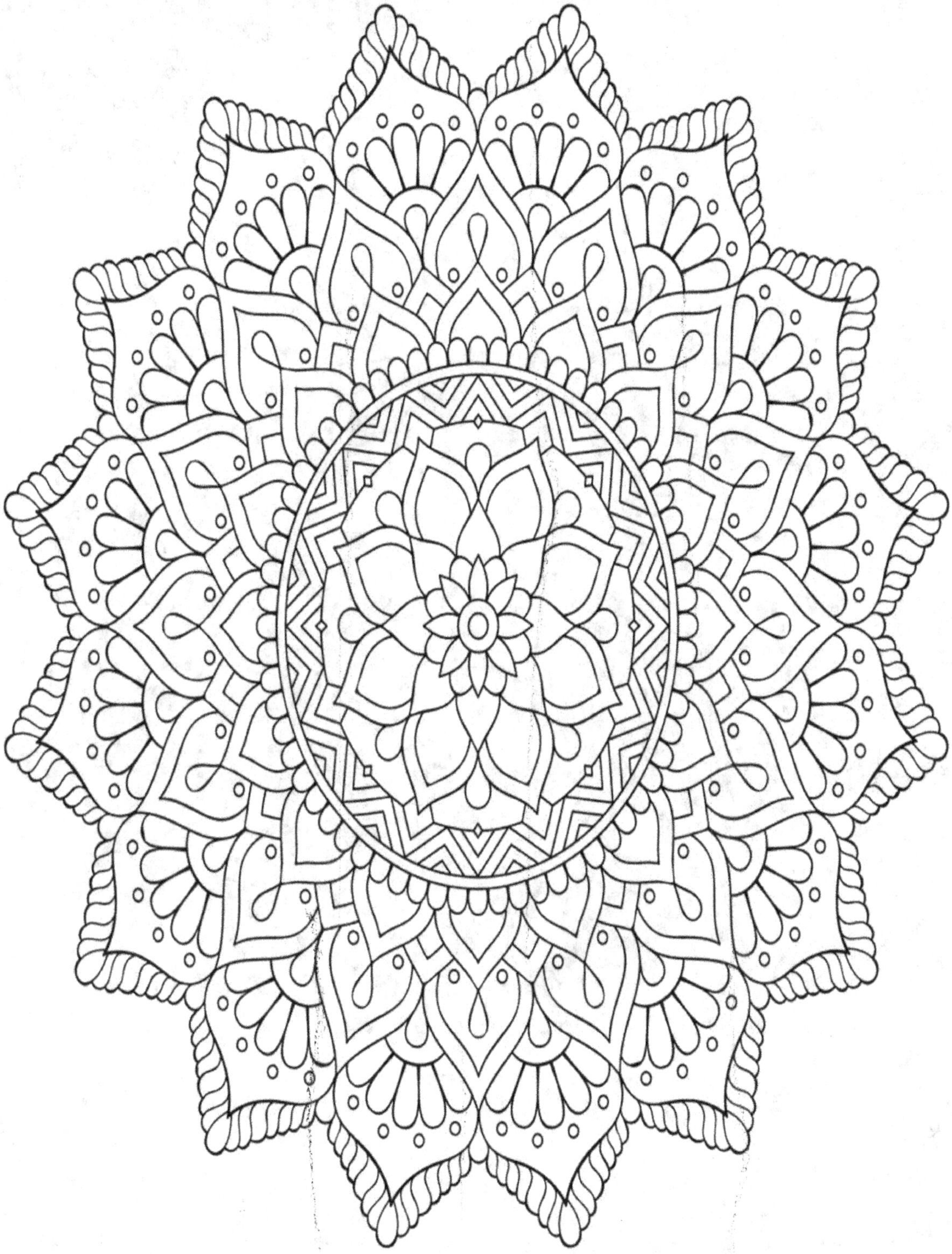

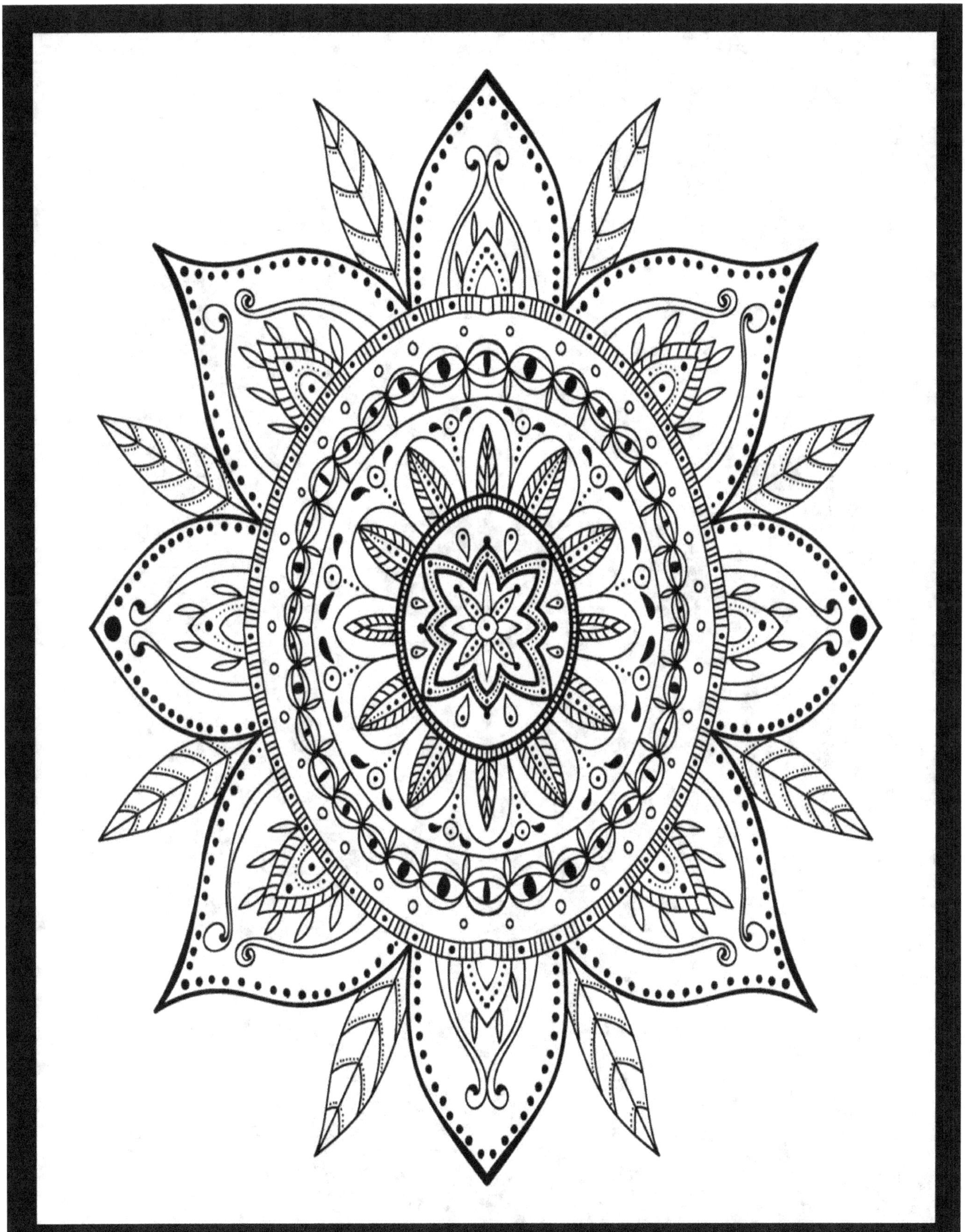

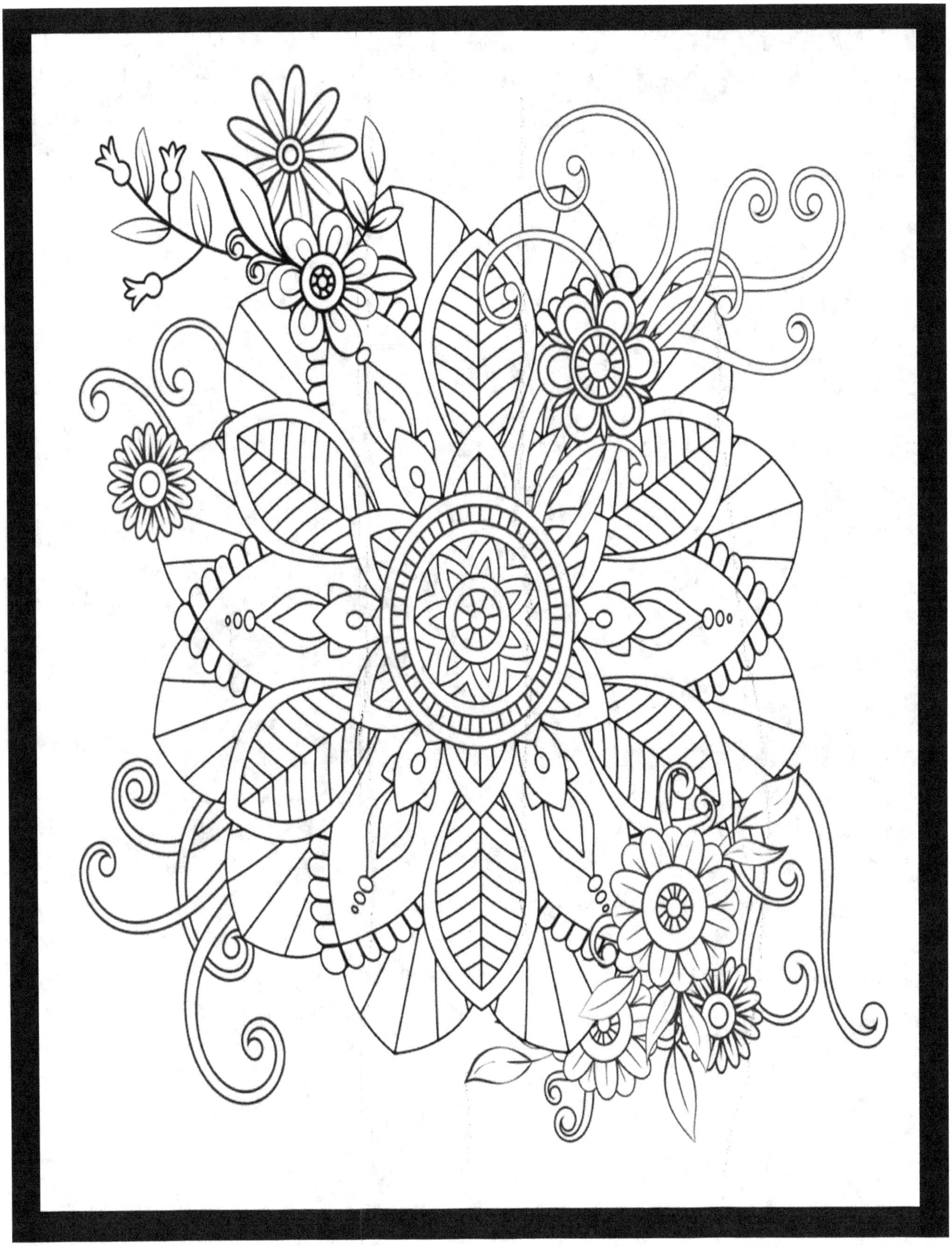

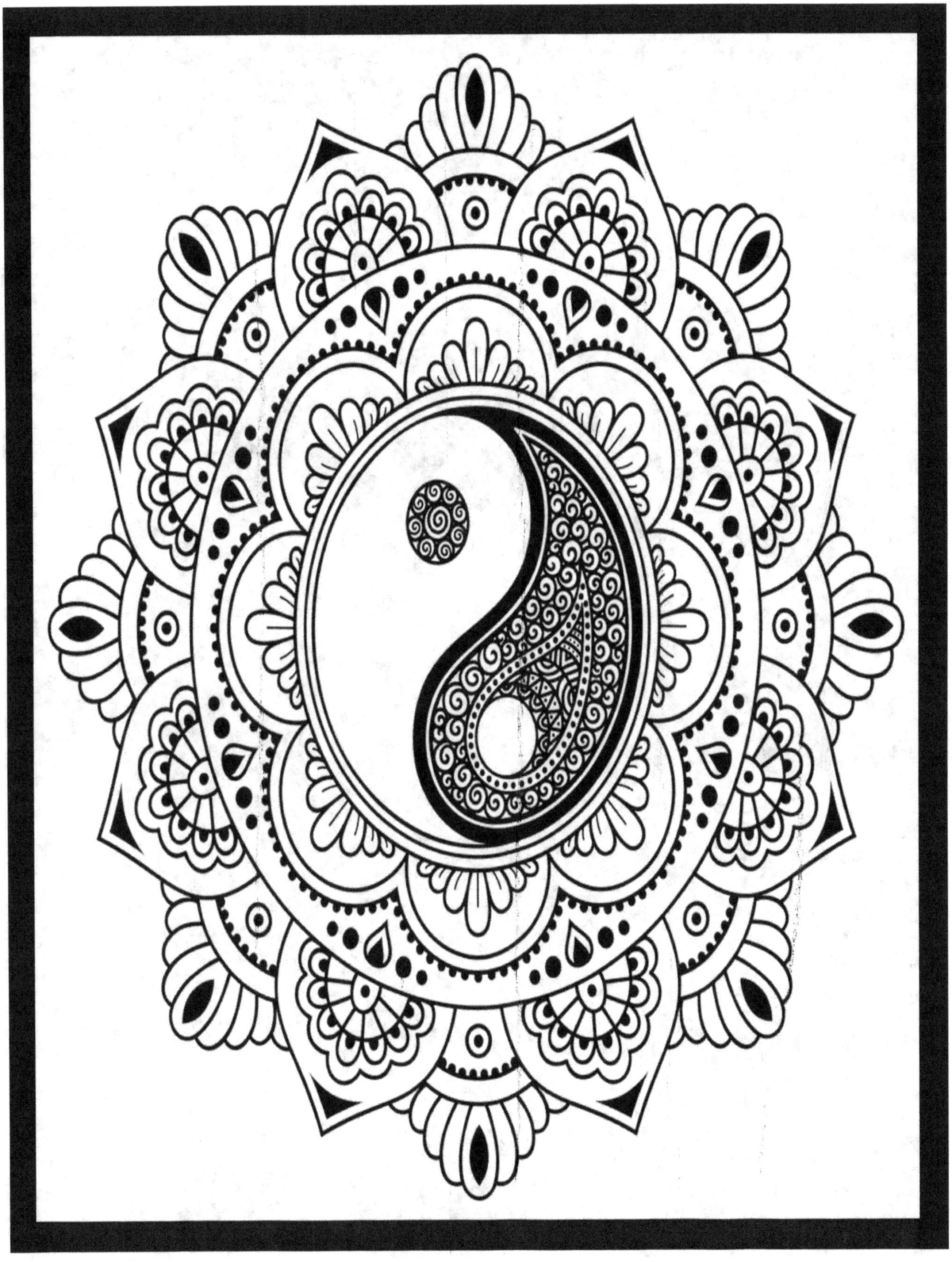

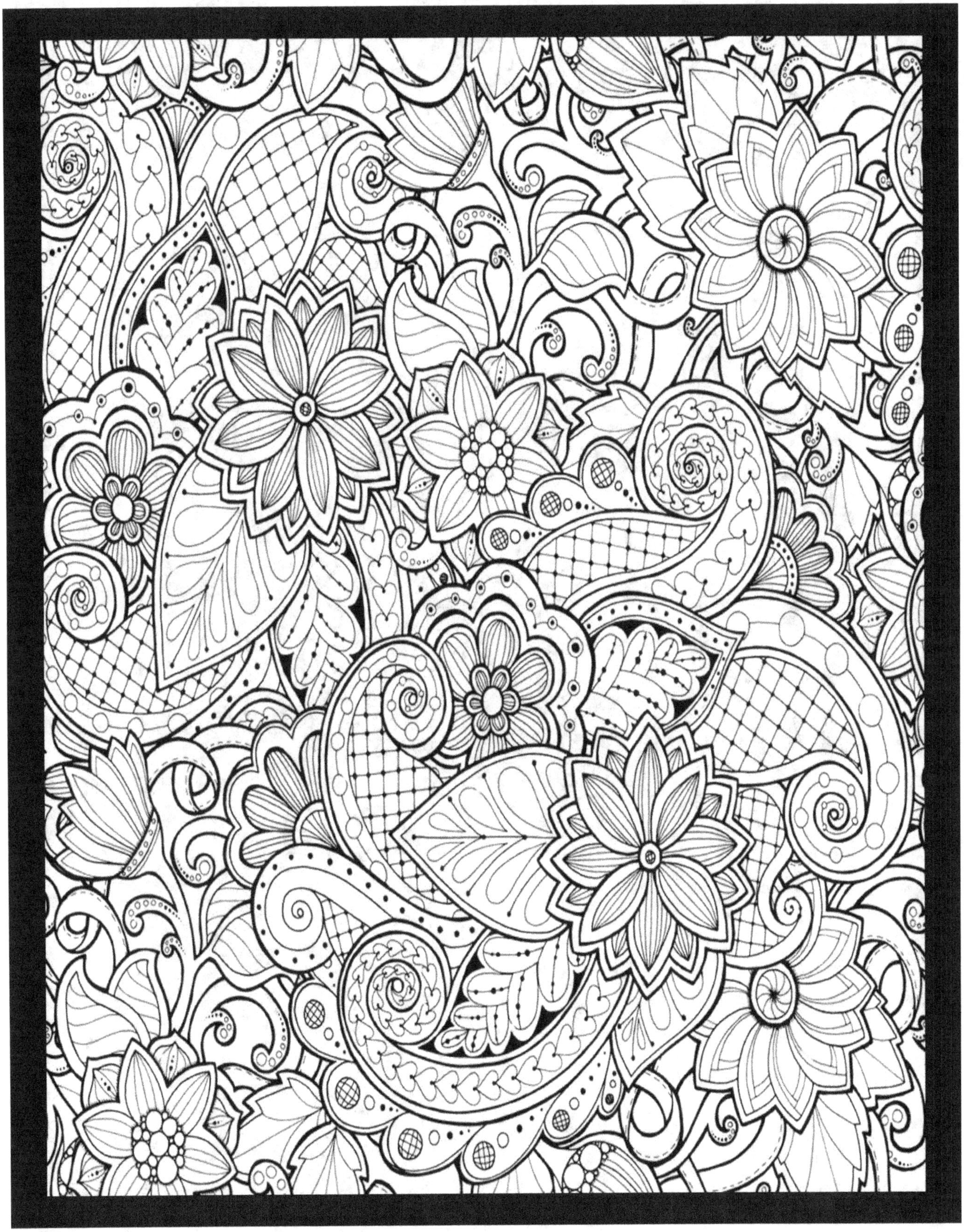

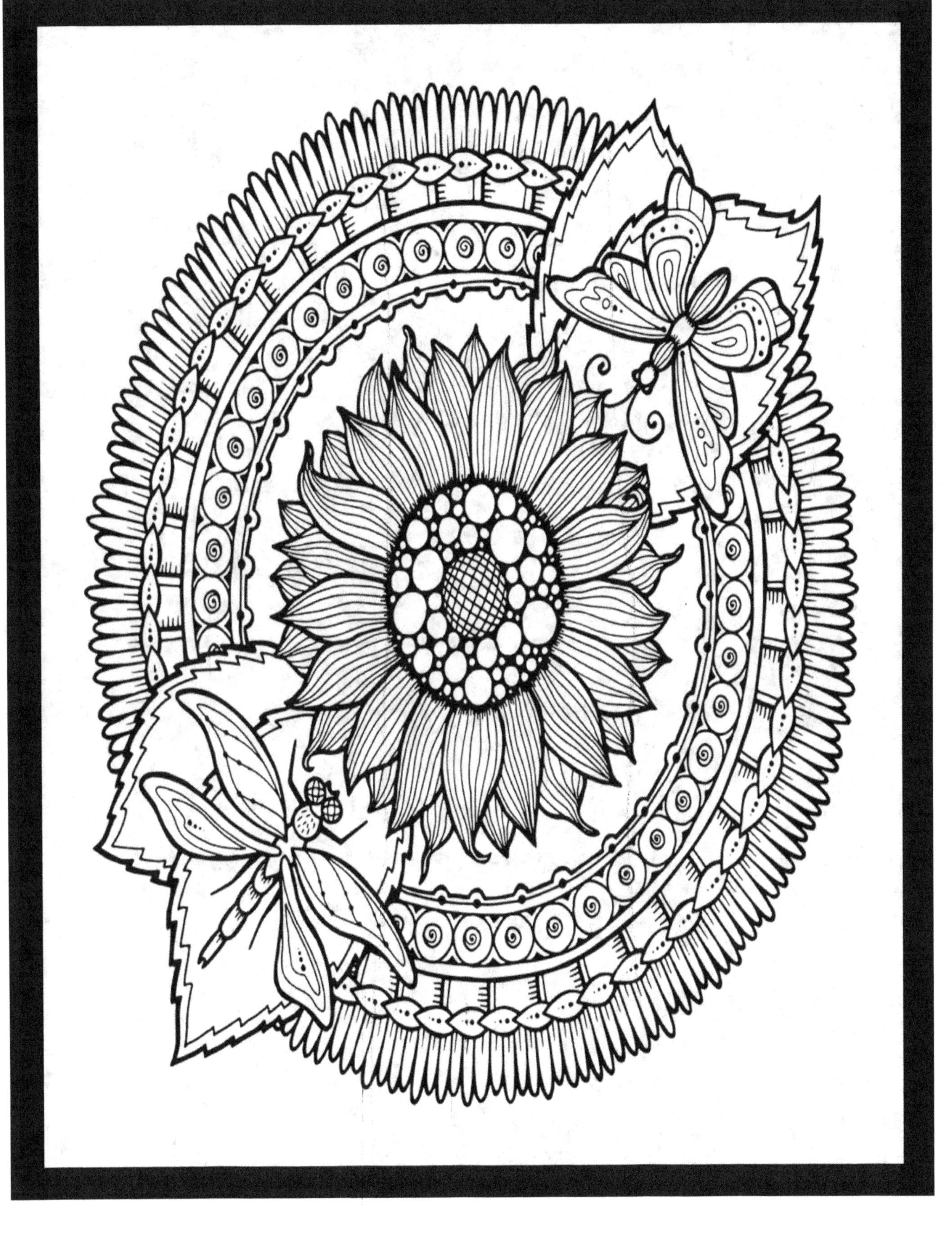

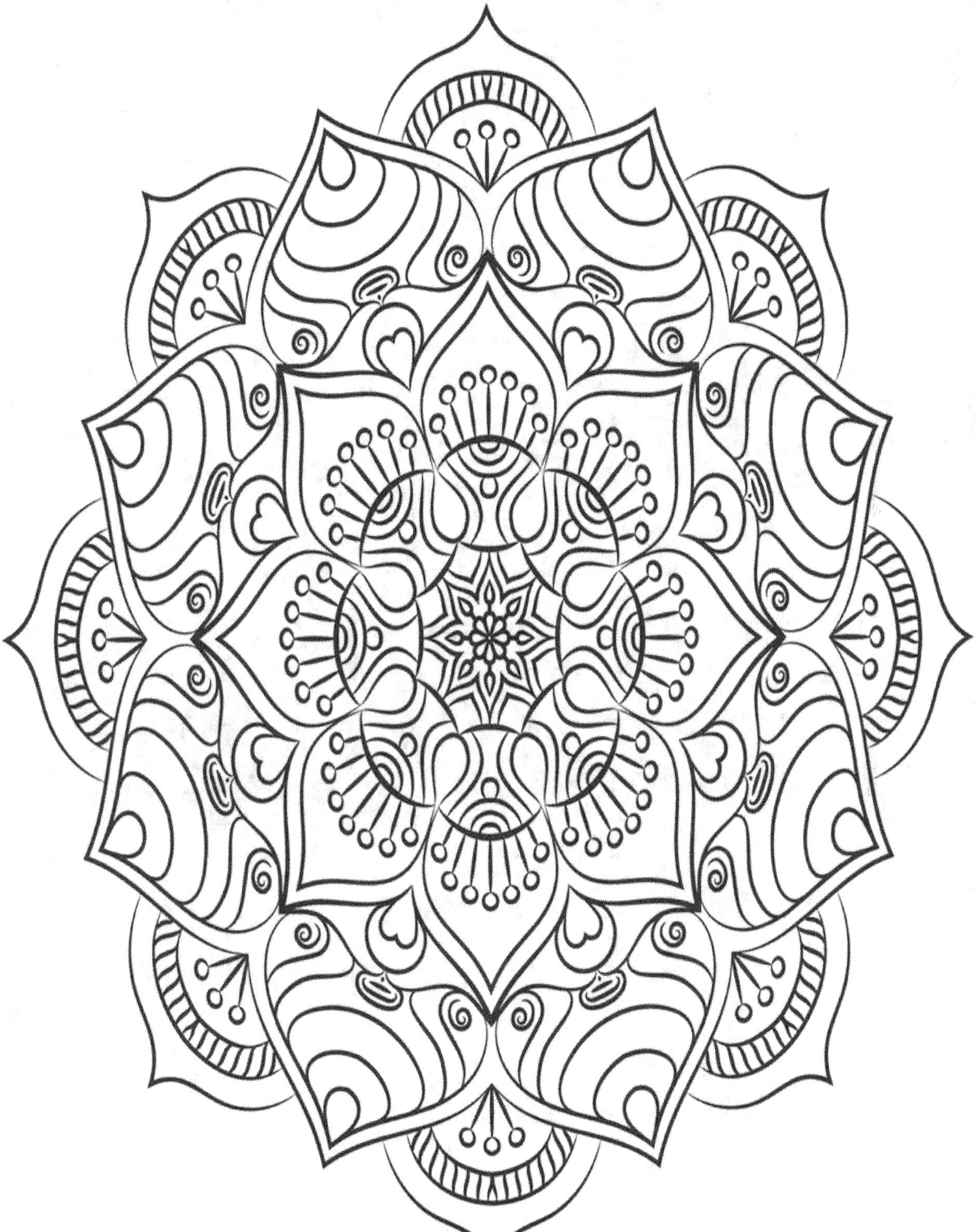

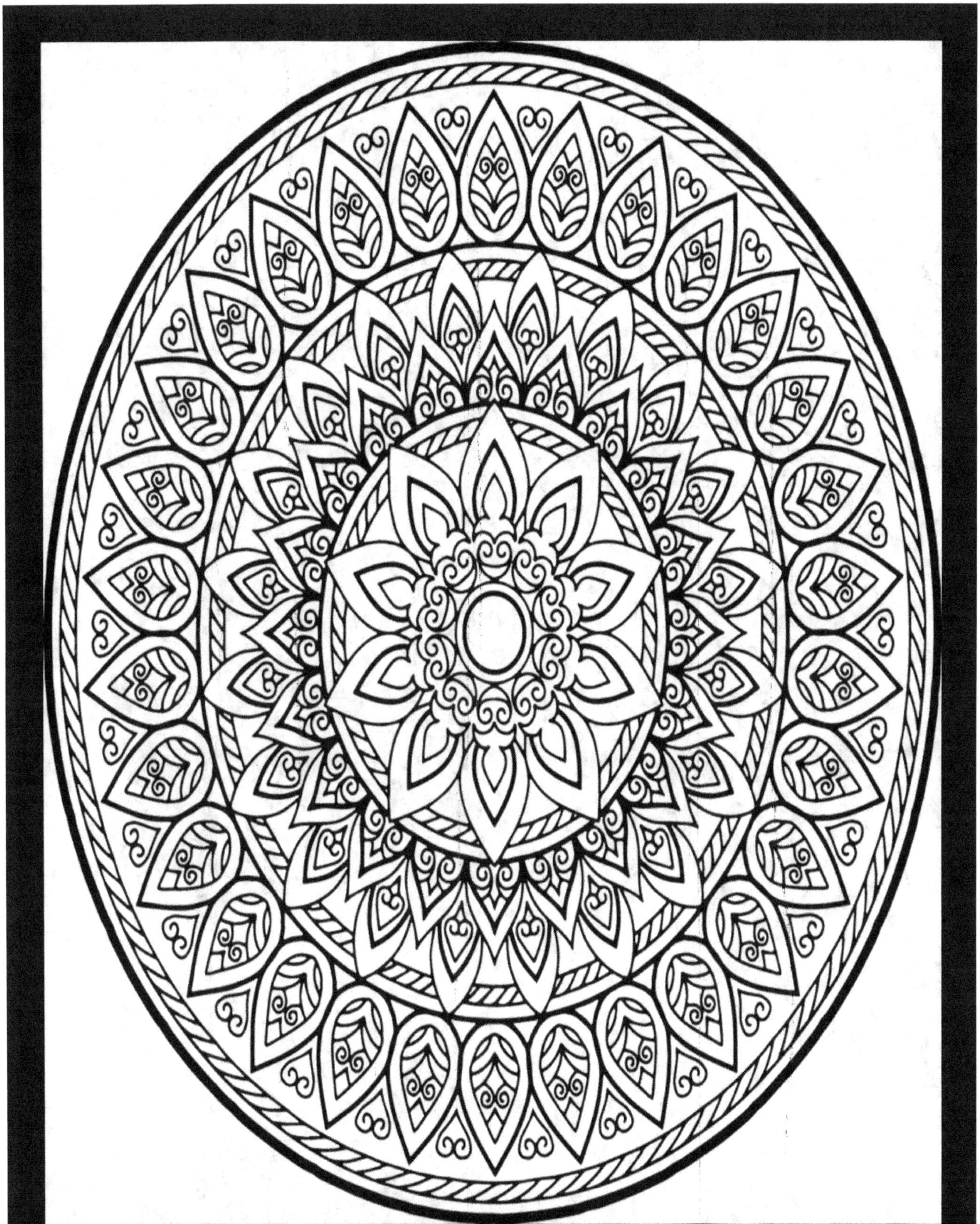

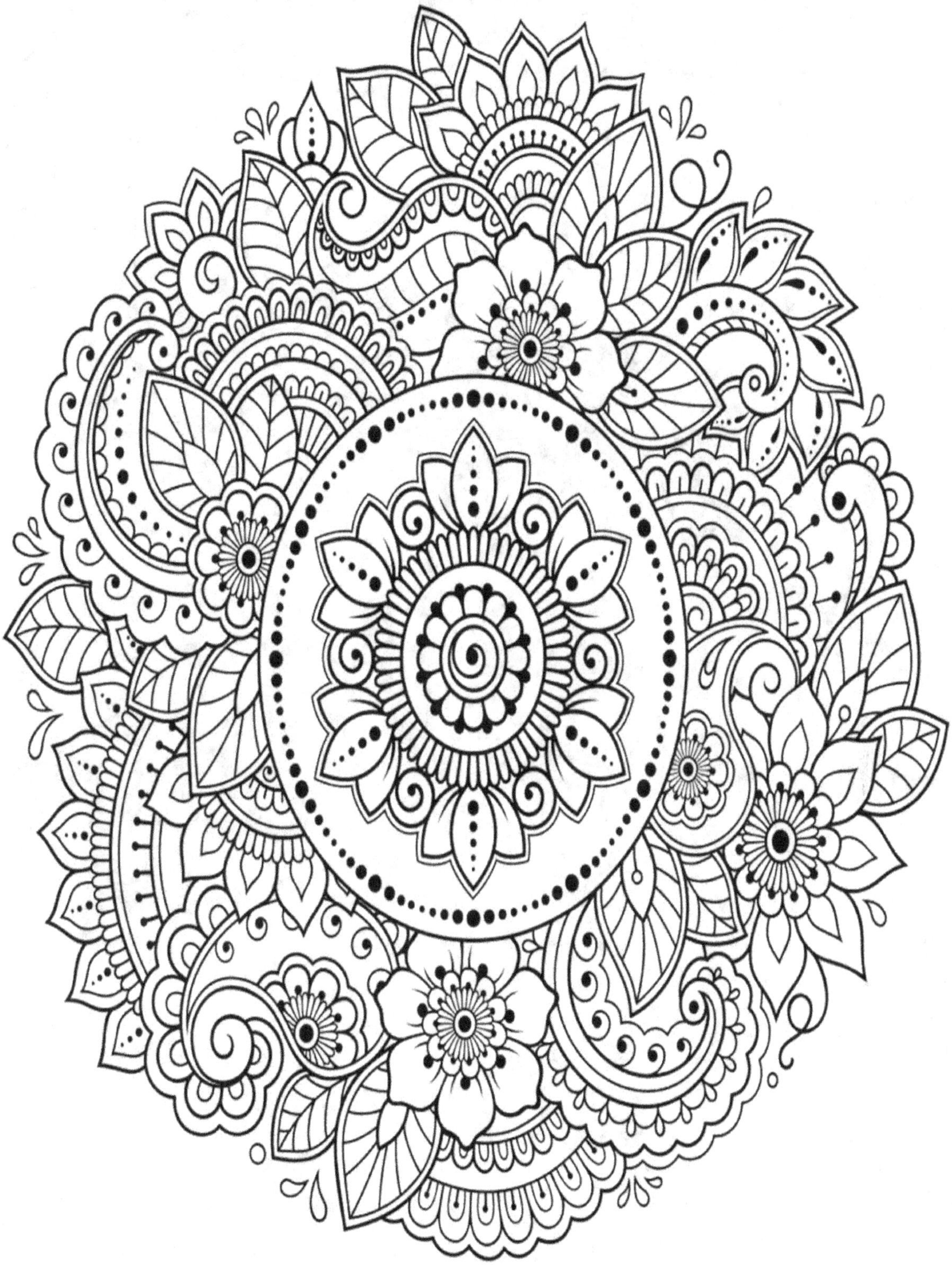

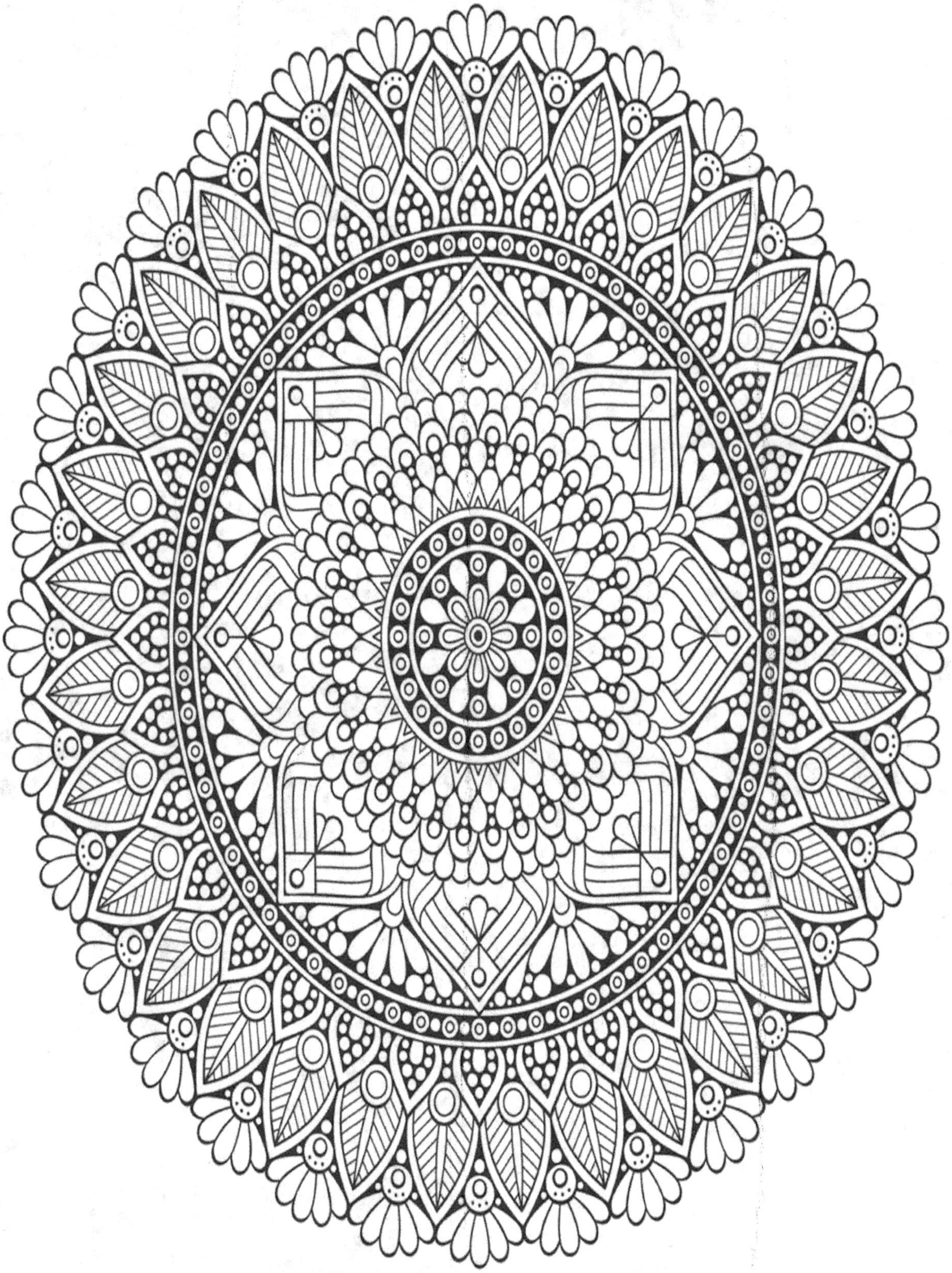

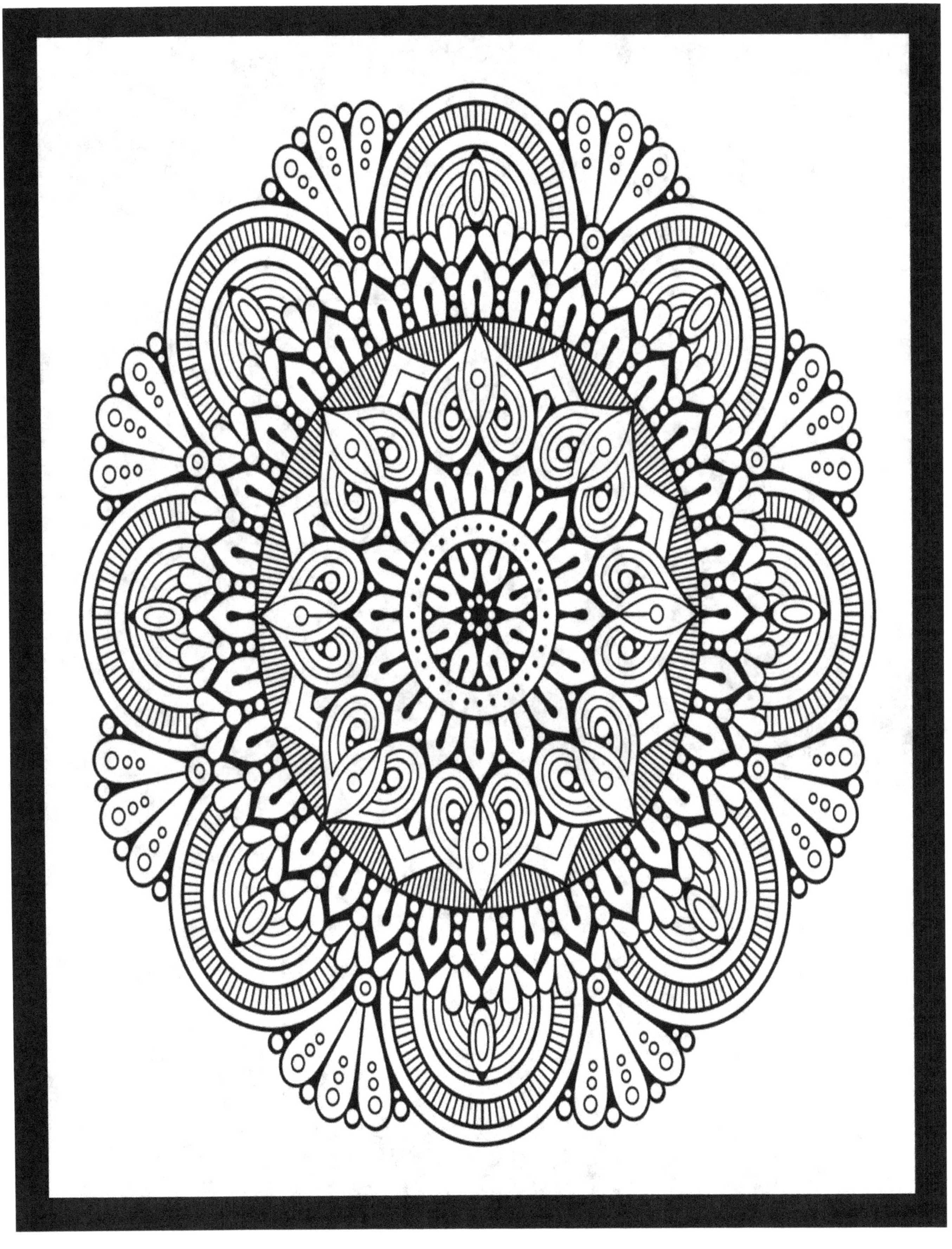

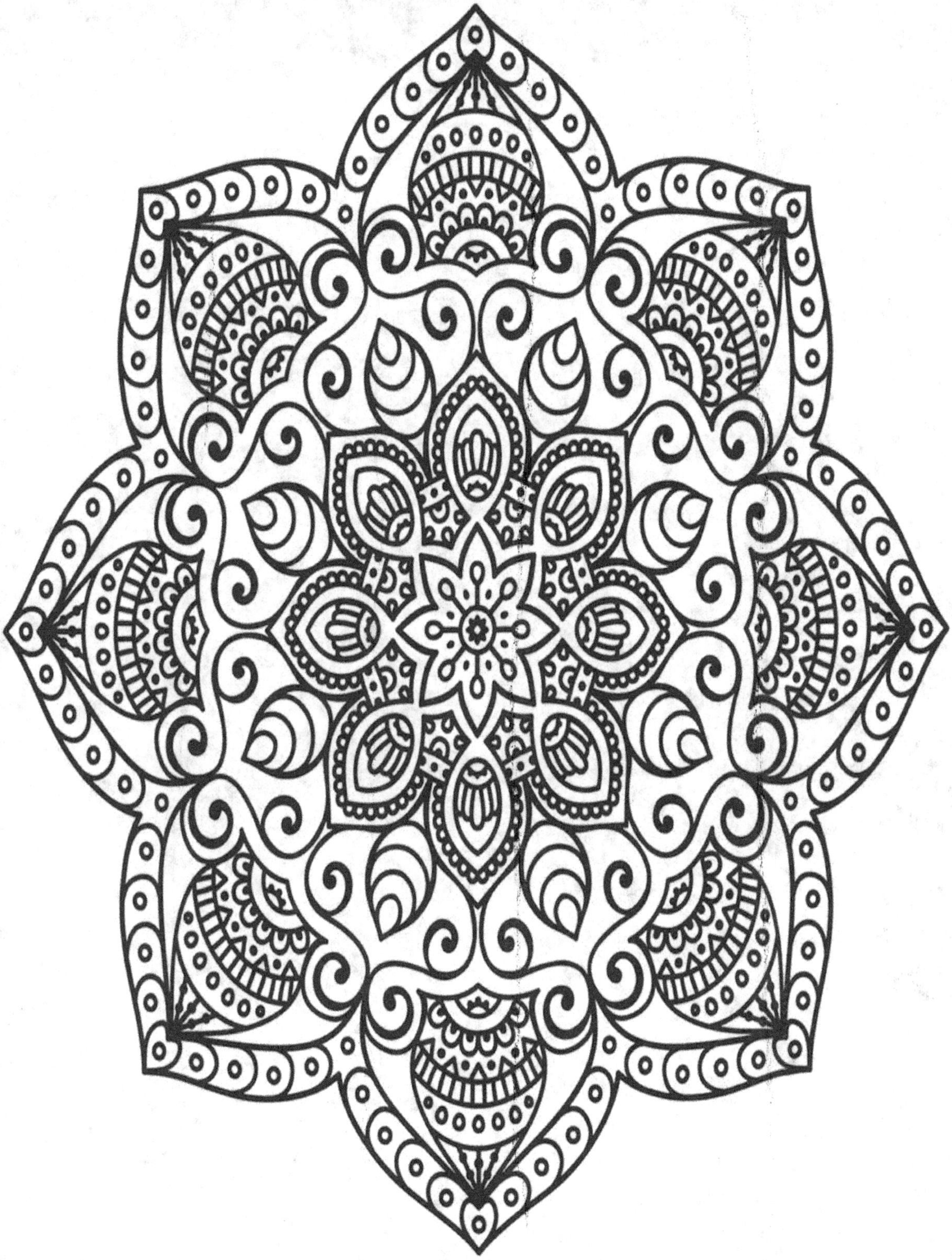

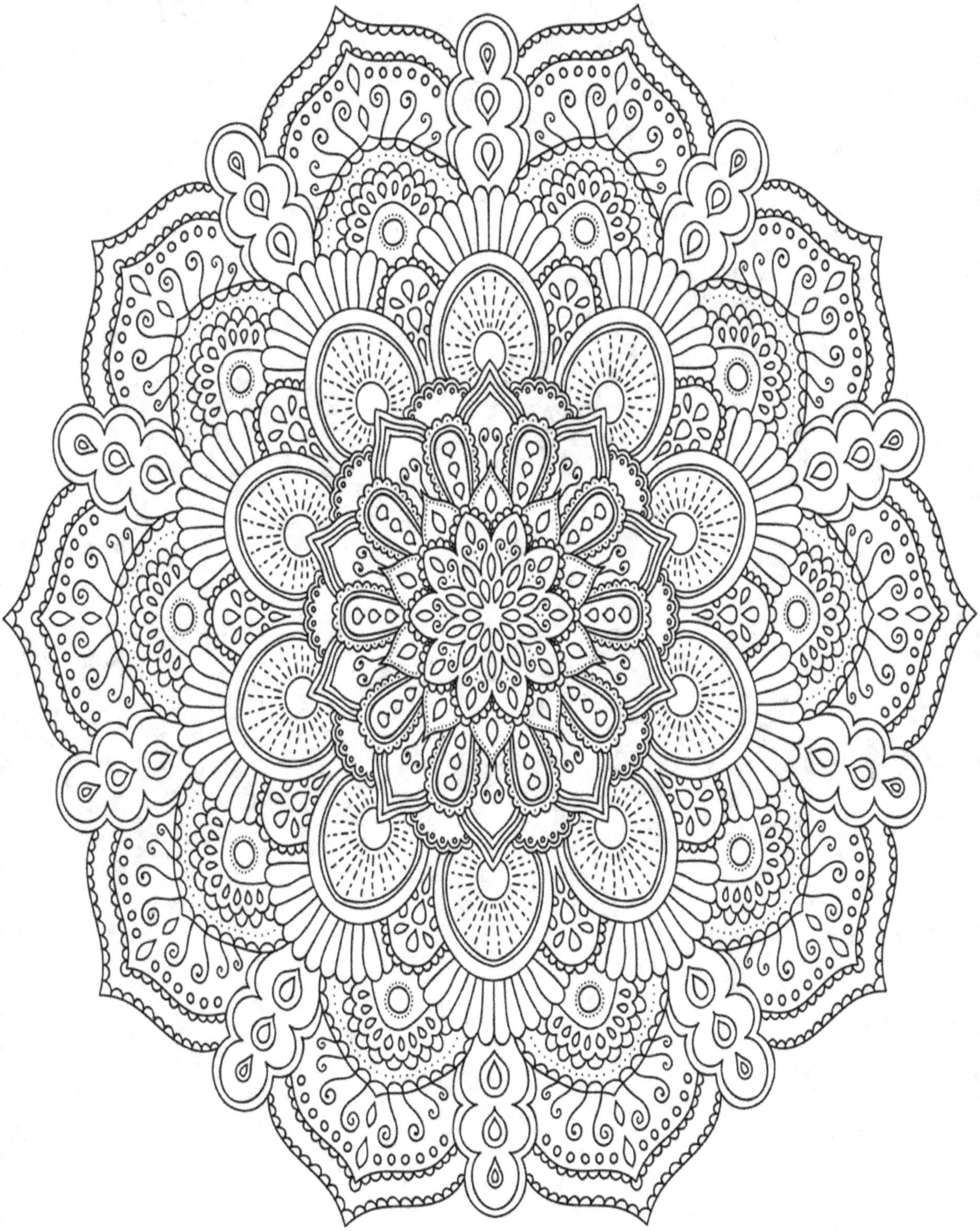

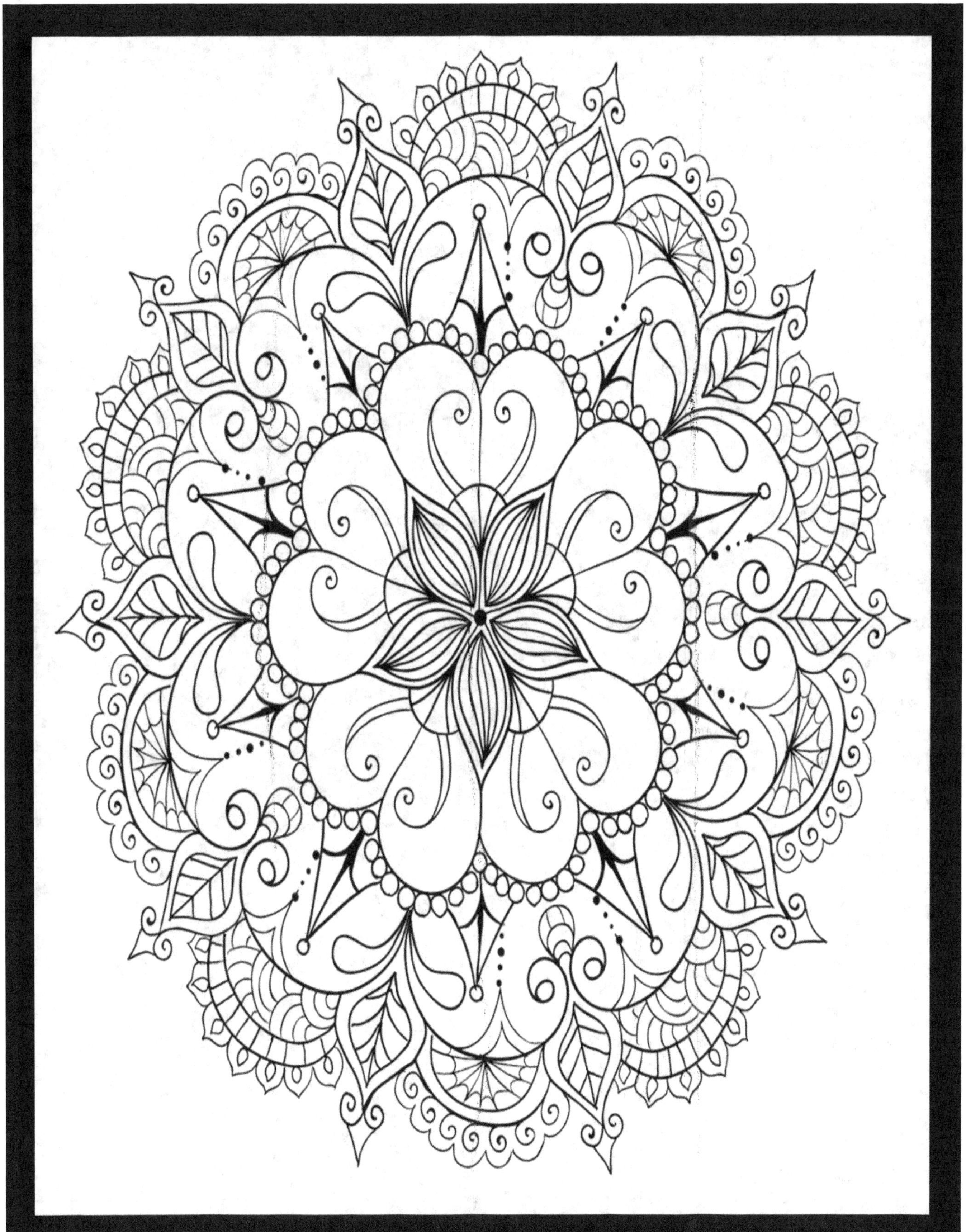

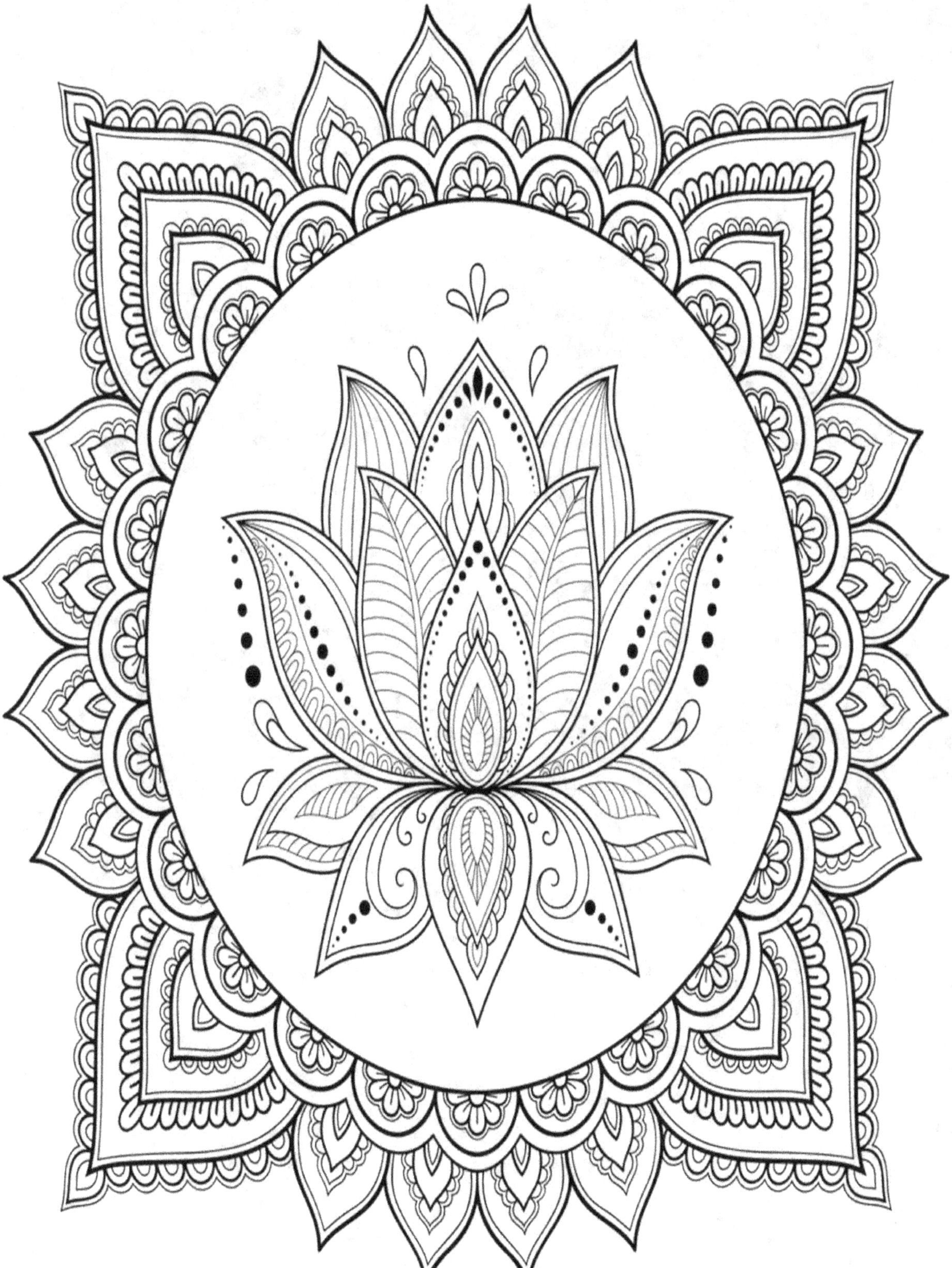

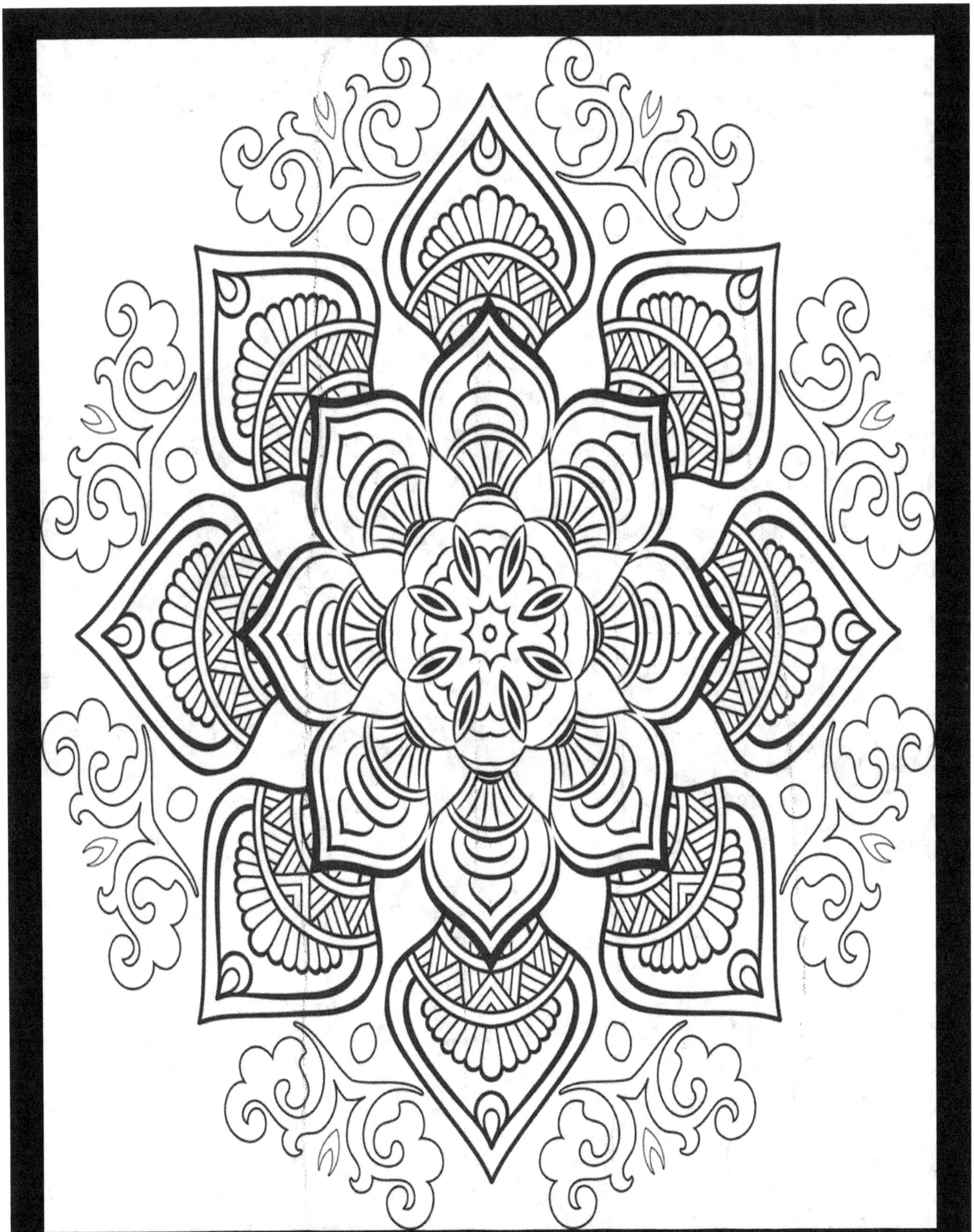

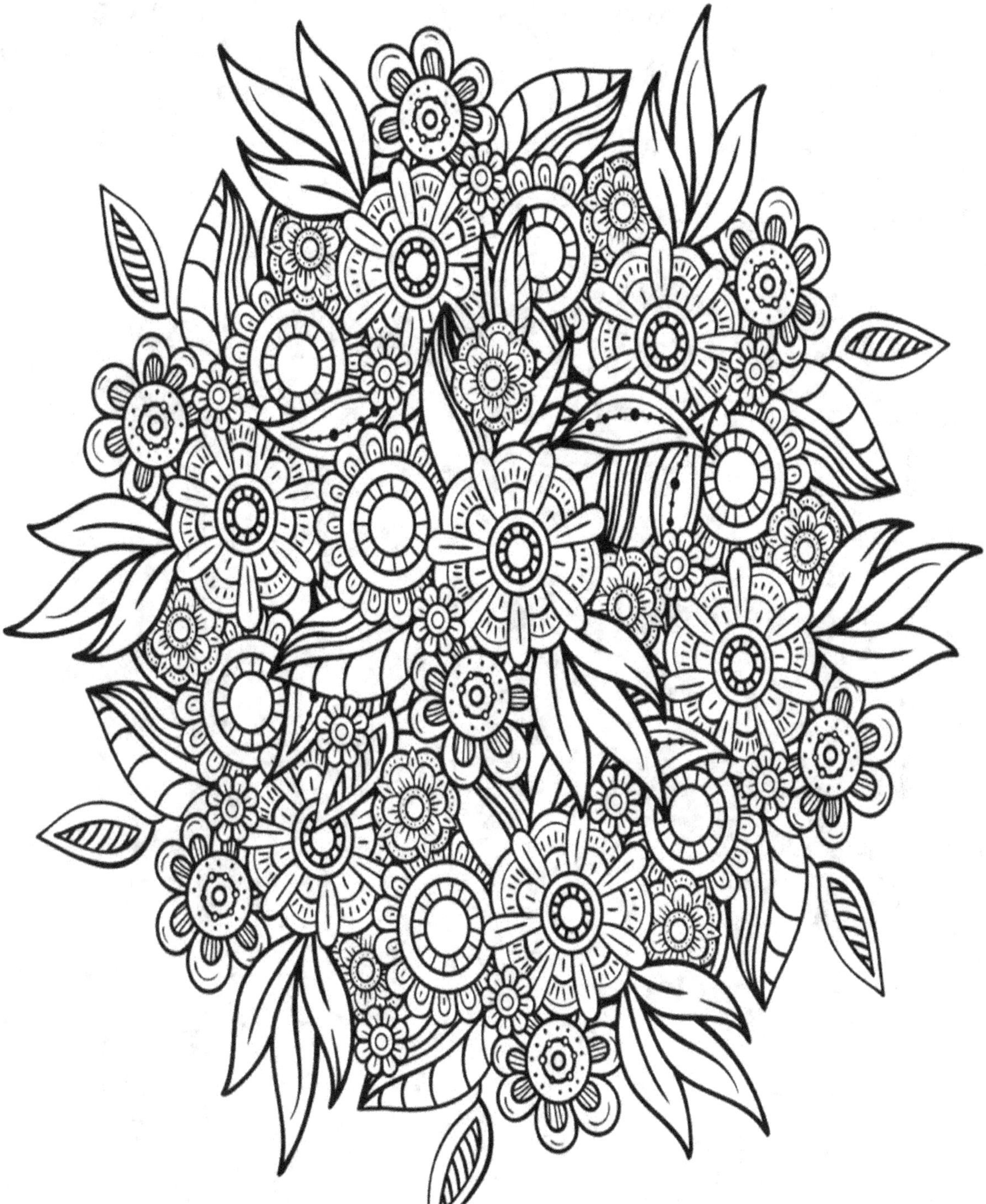

[redacted]

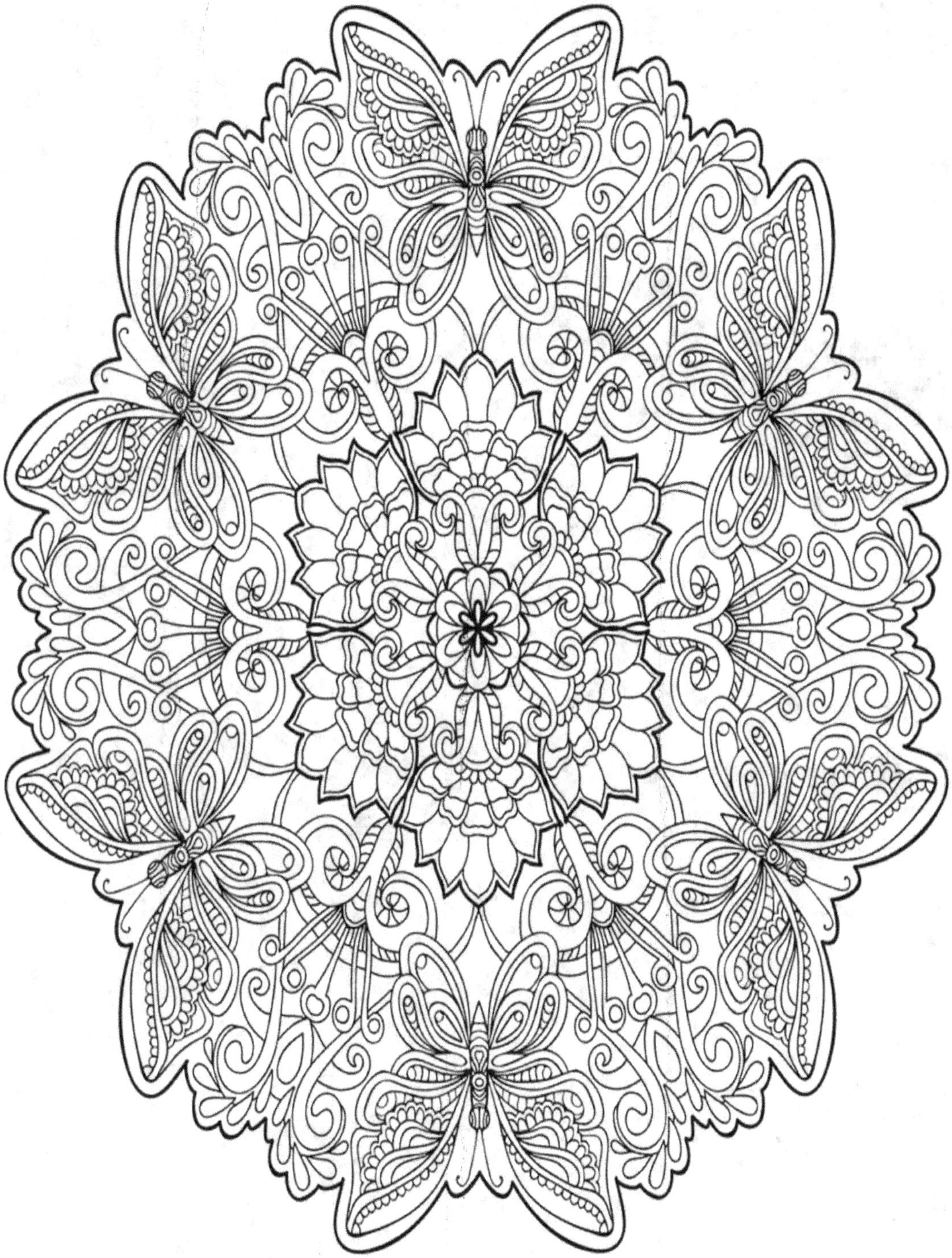

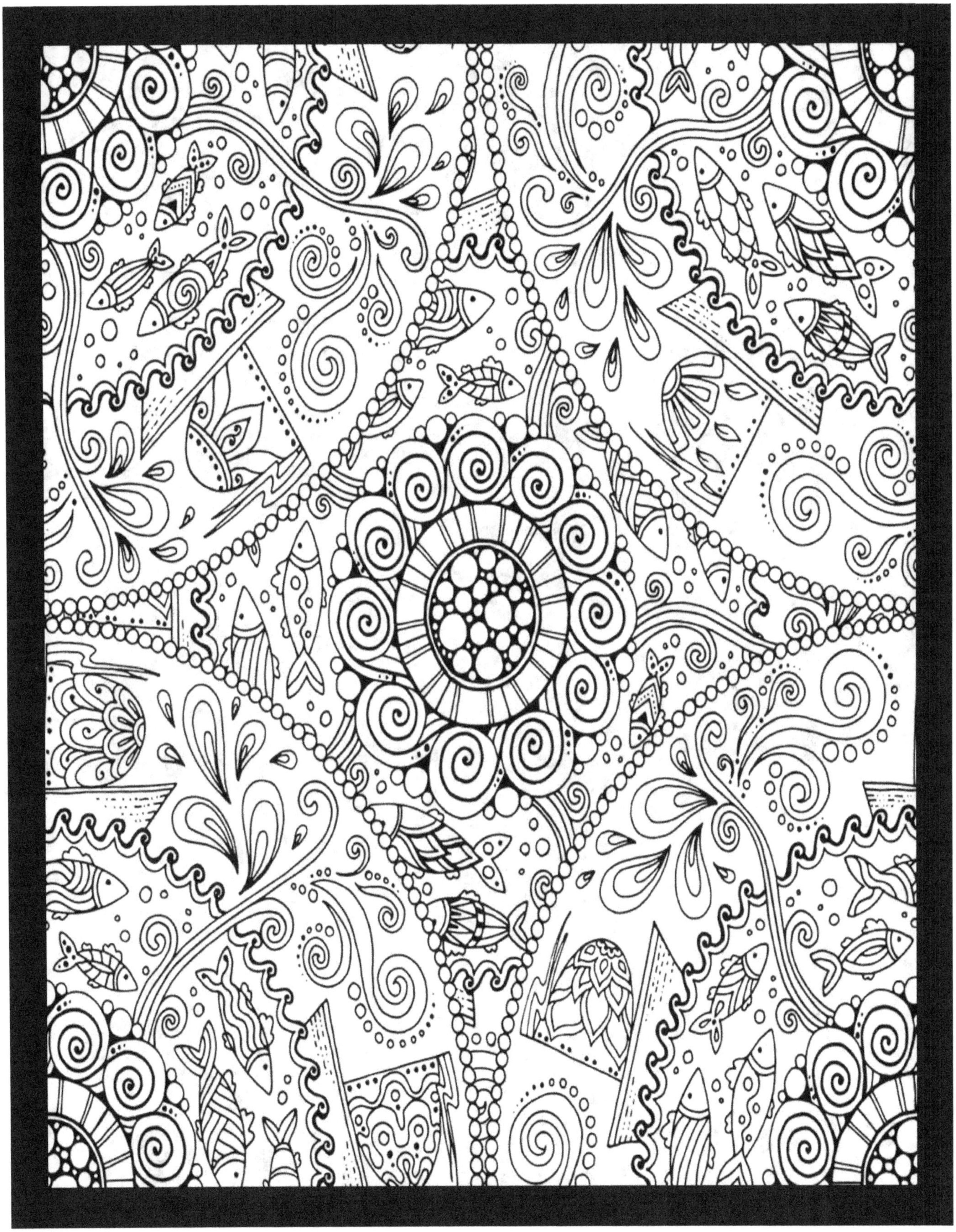

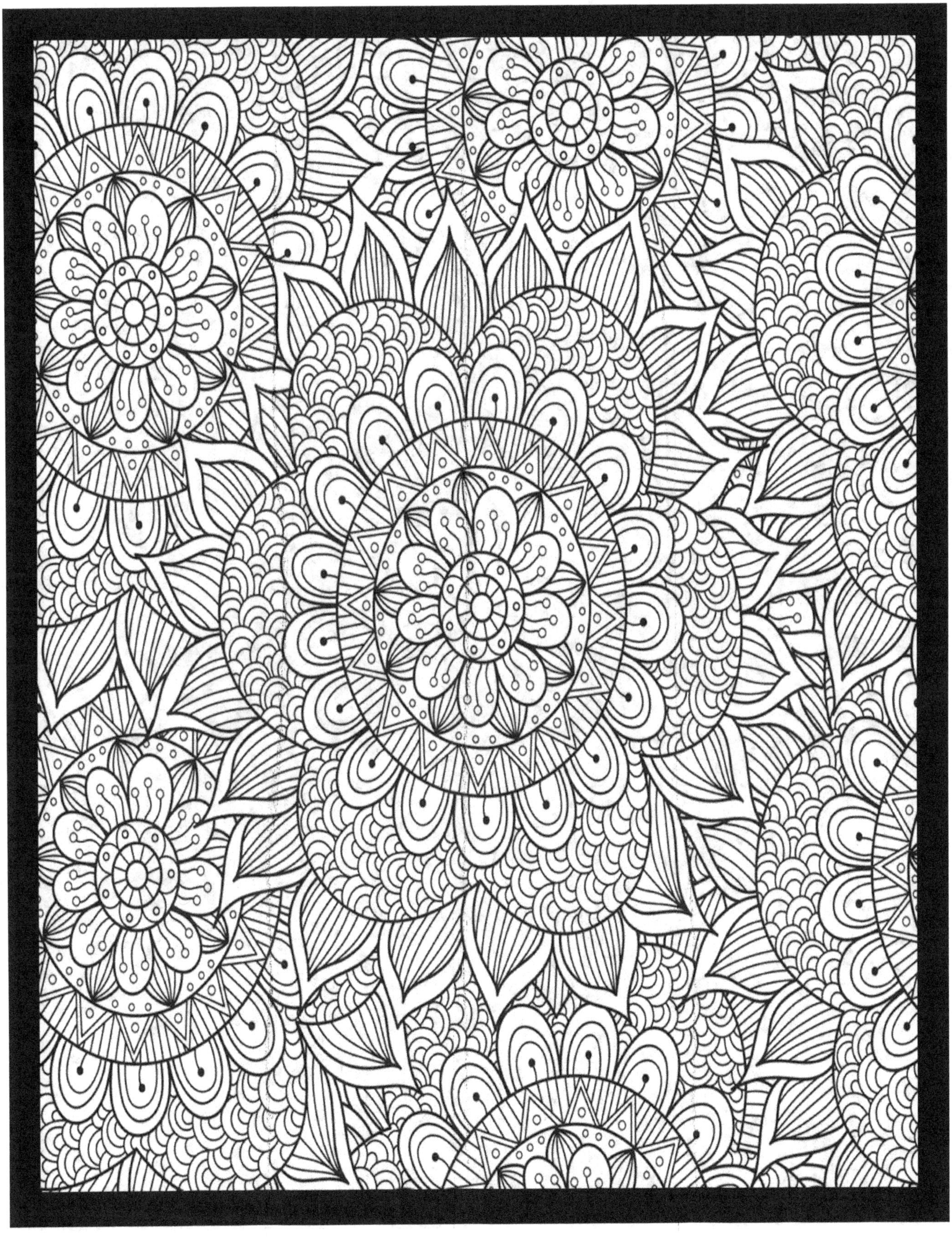

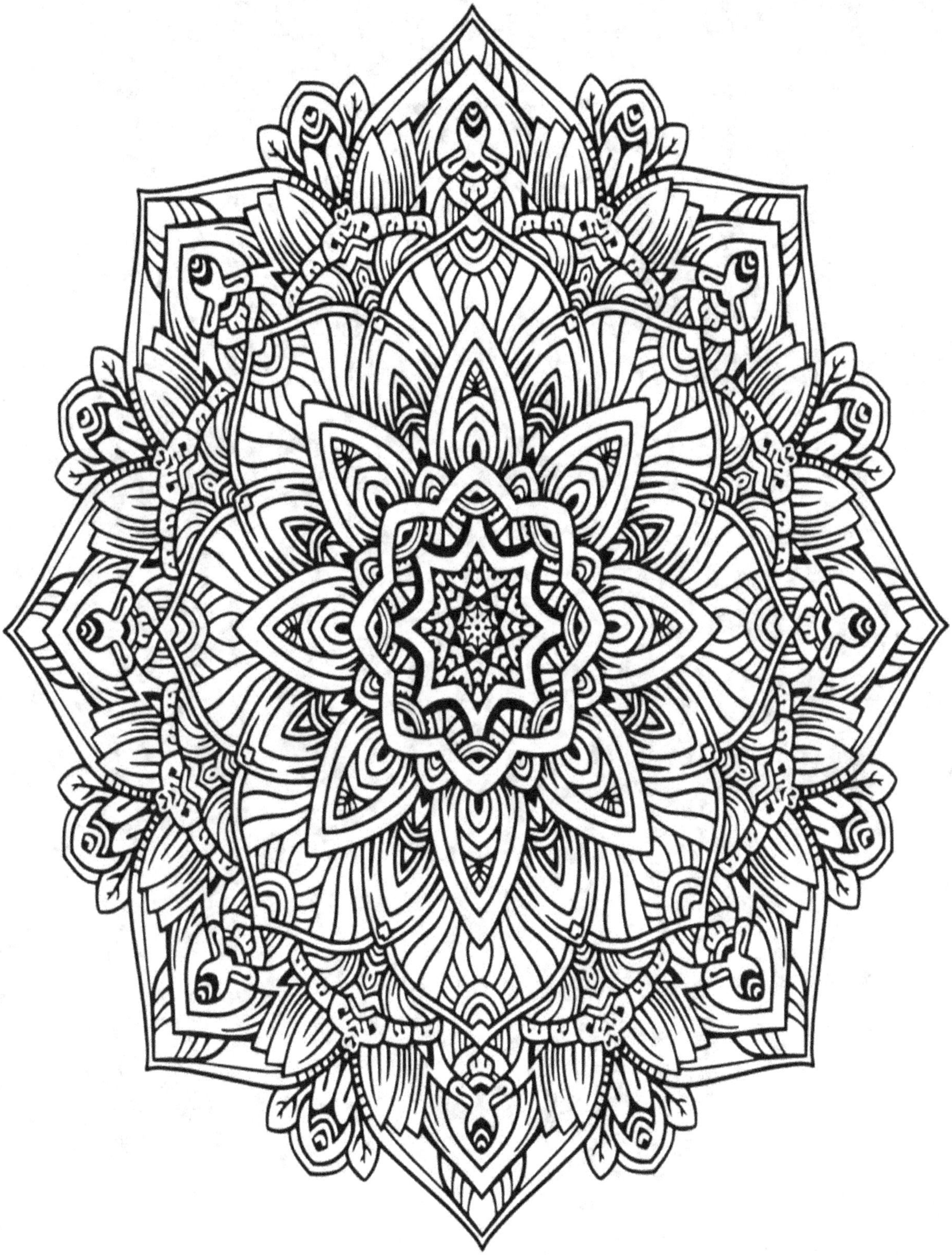

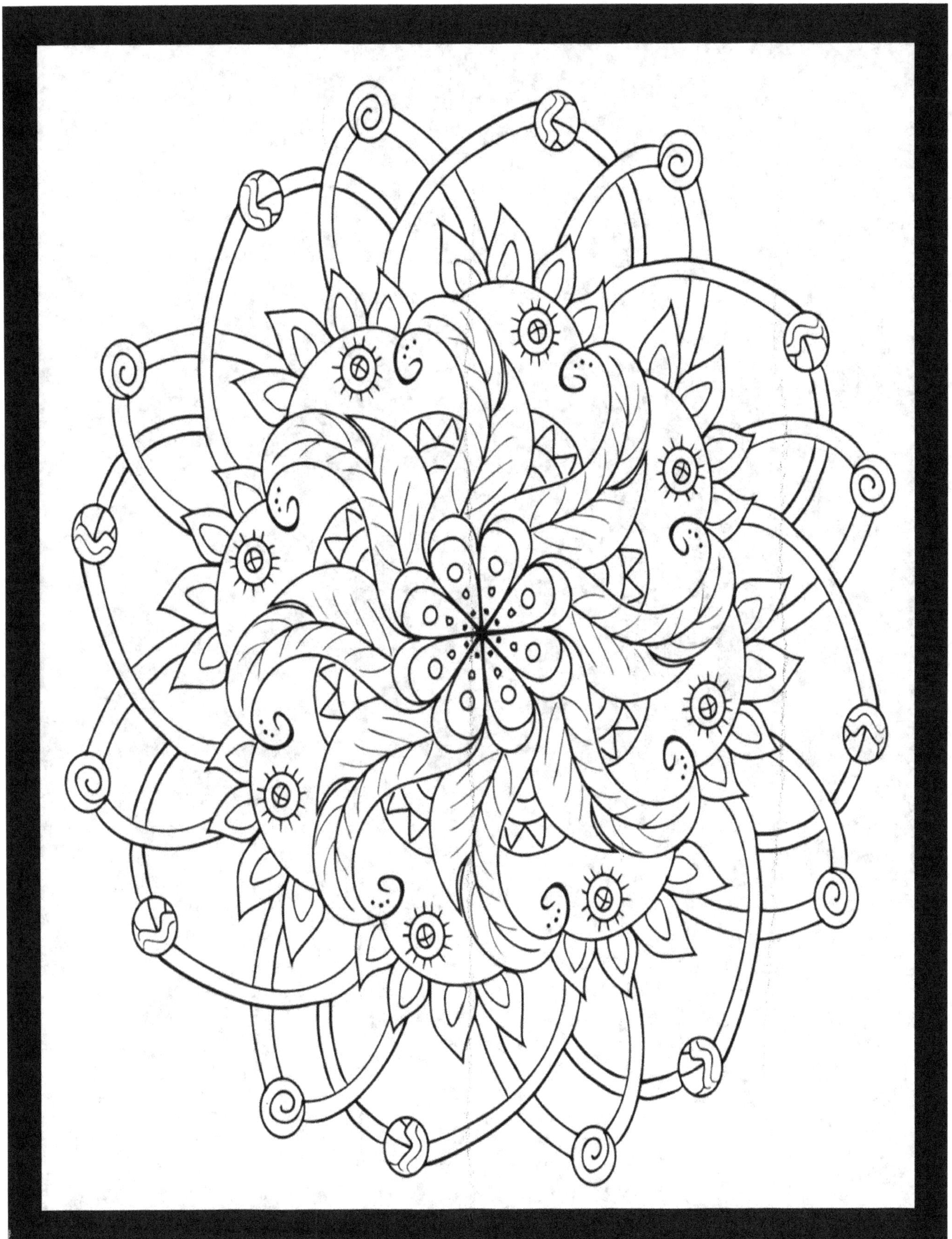

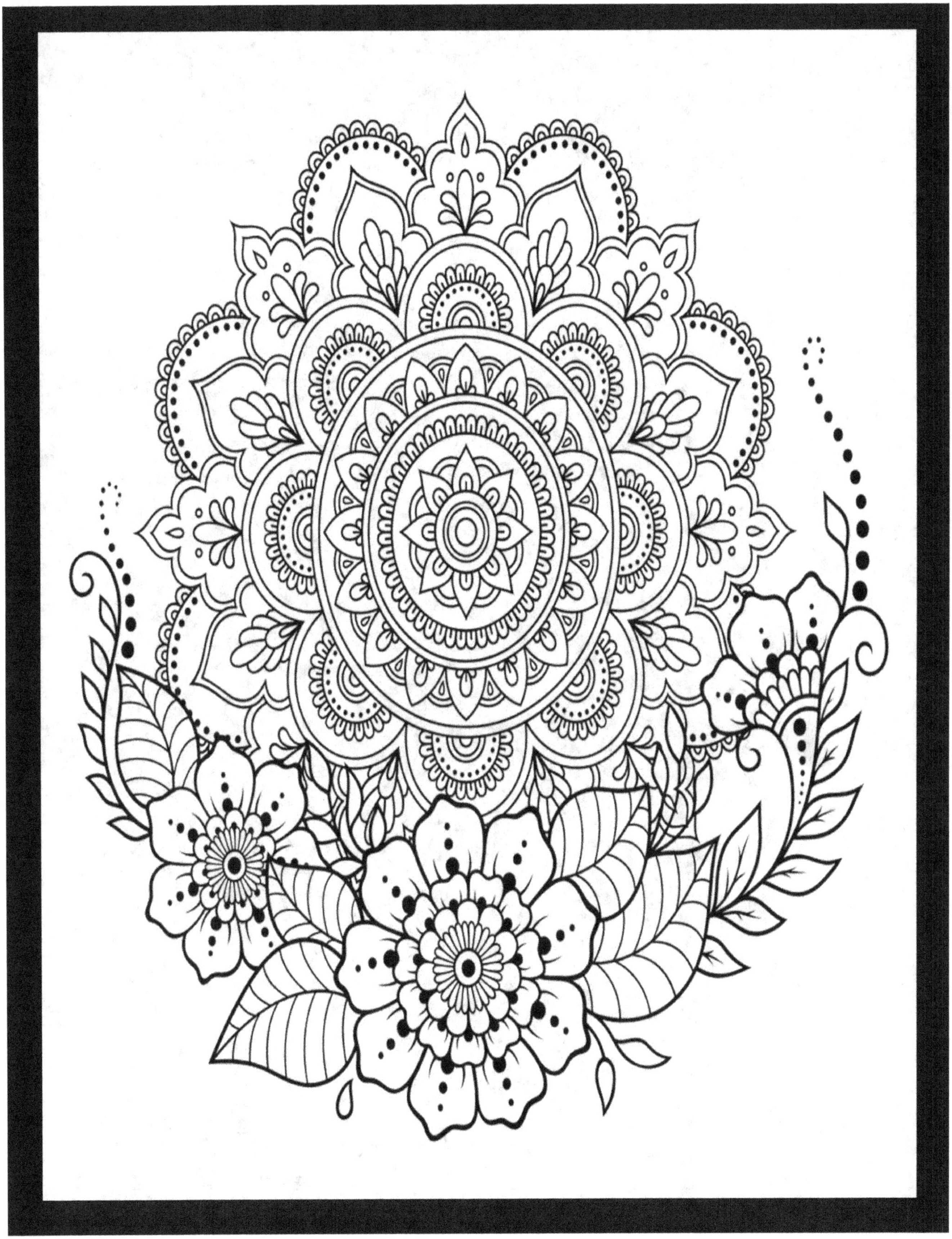

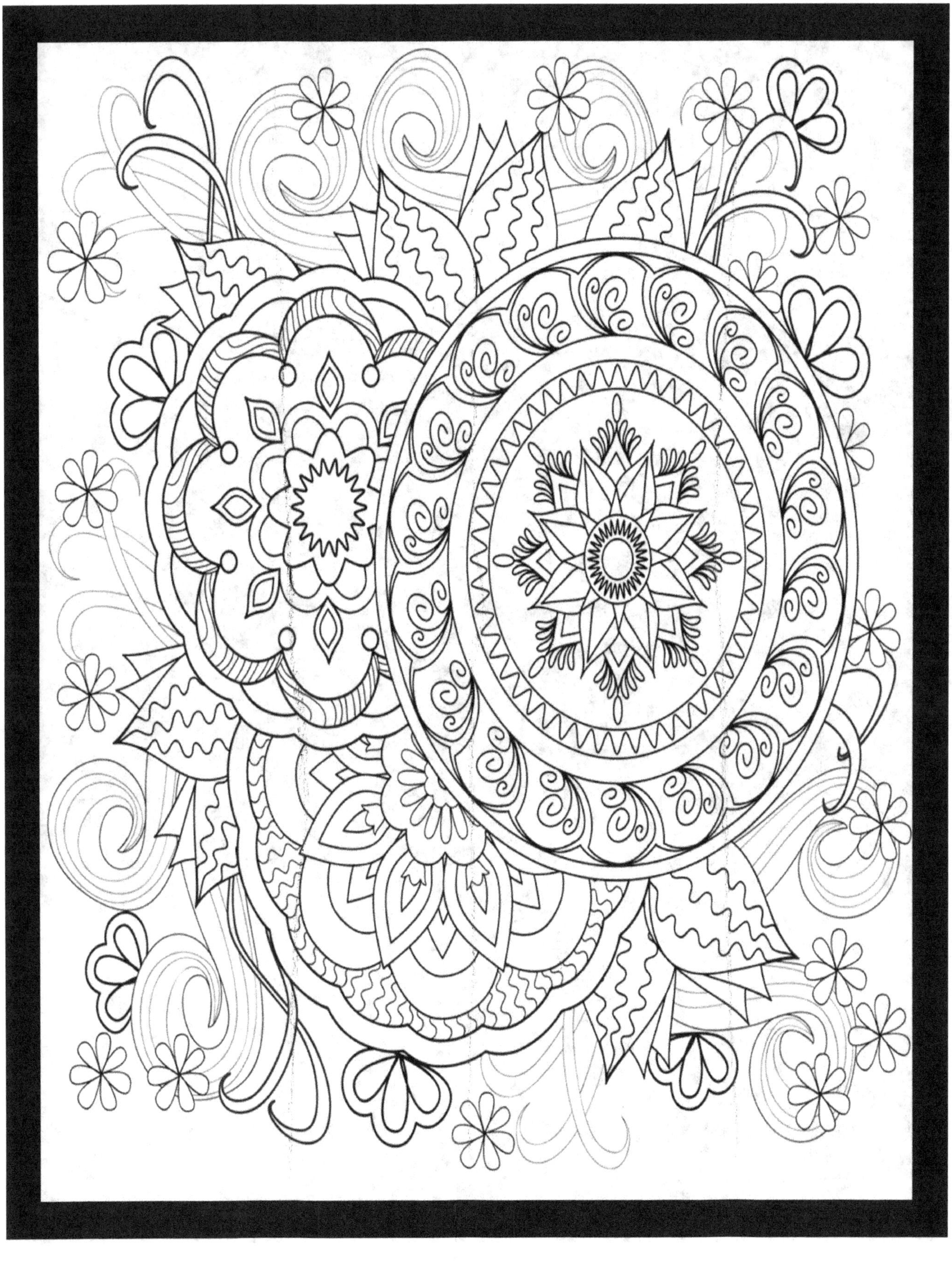

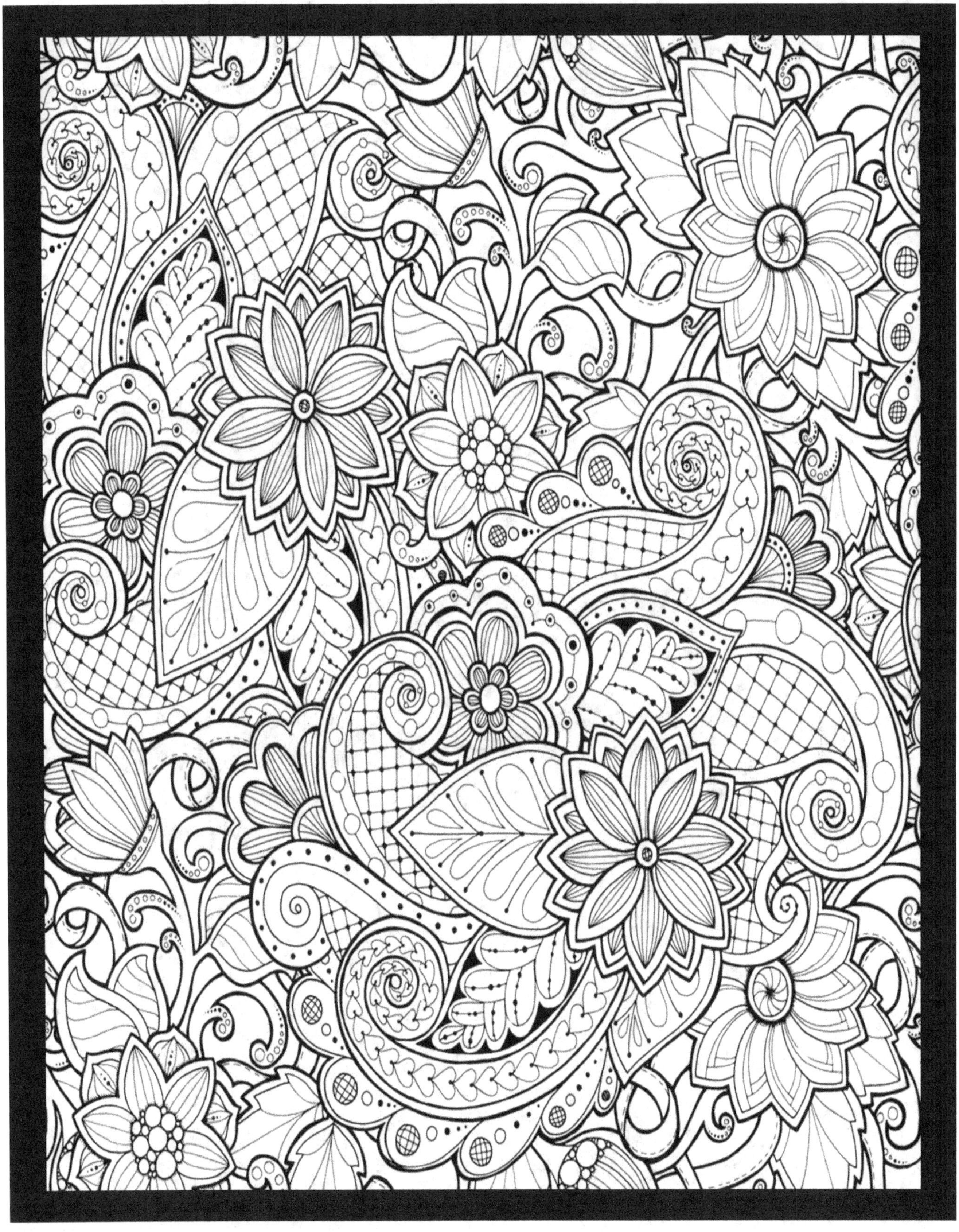

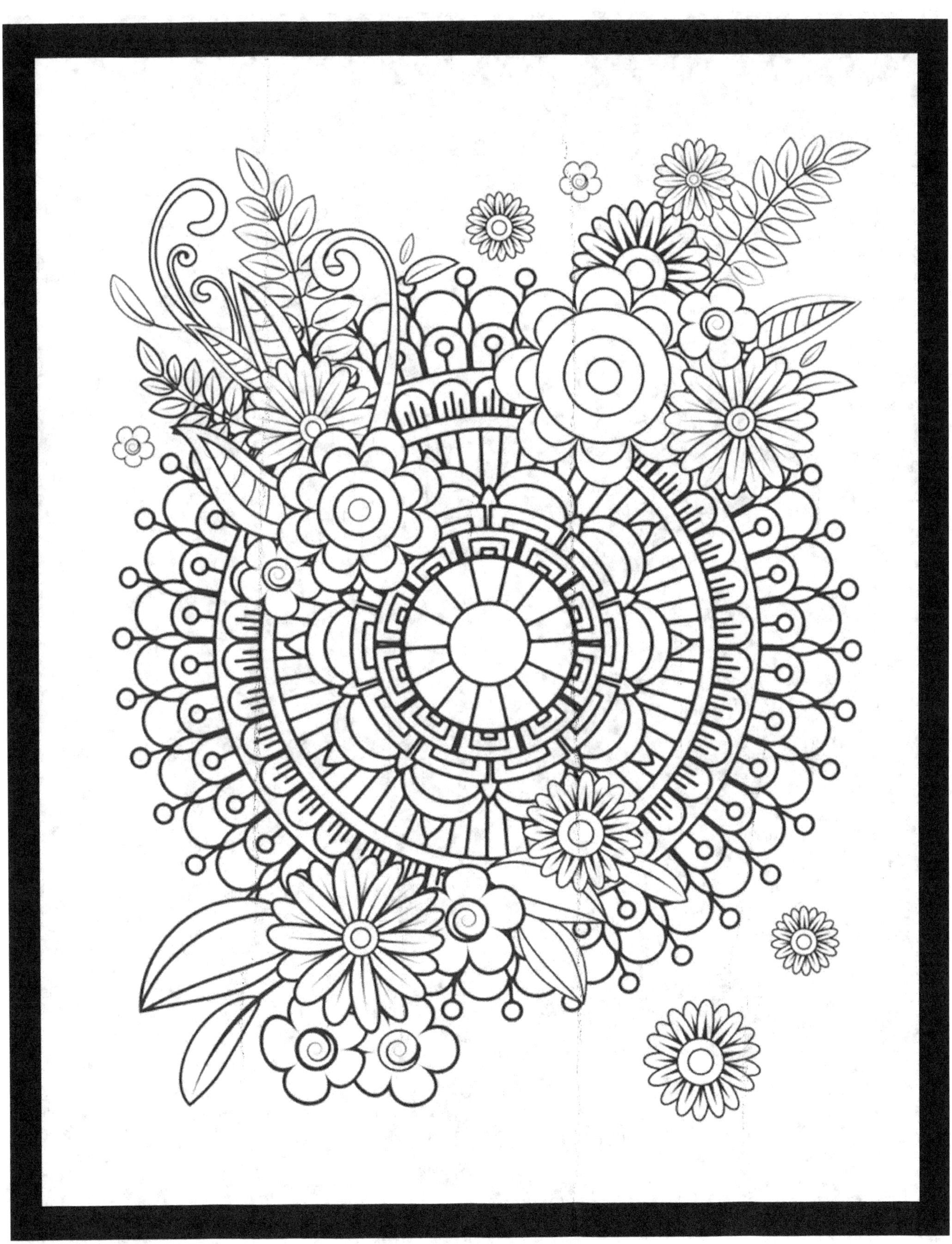

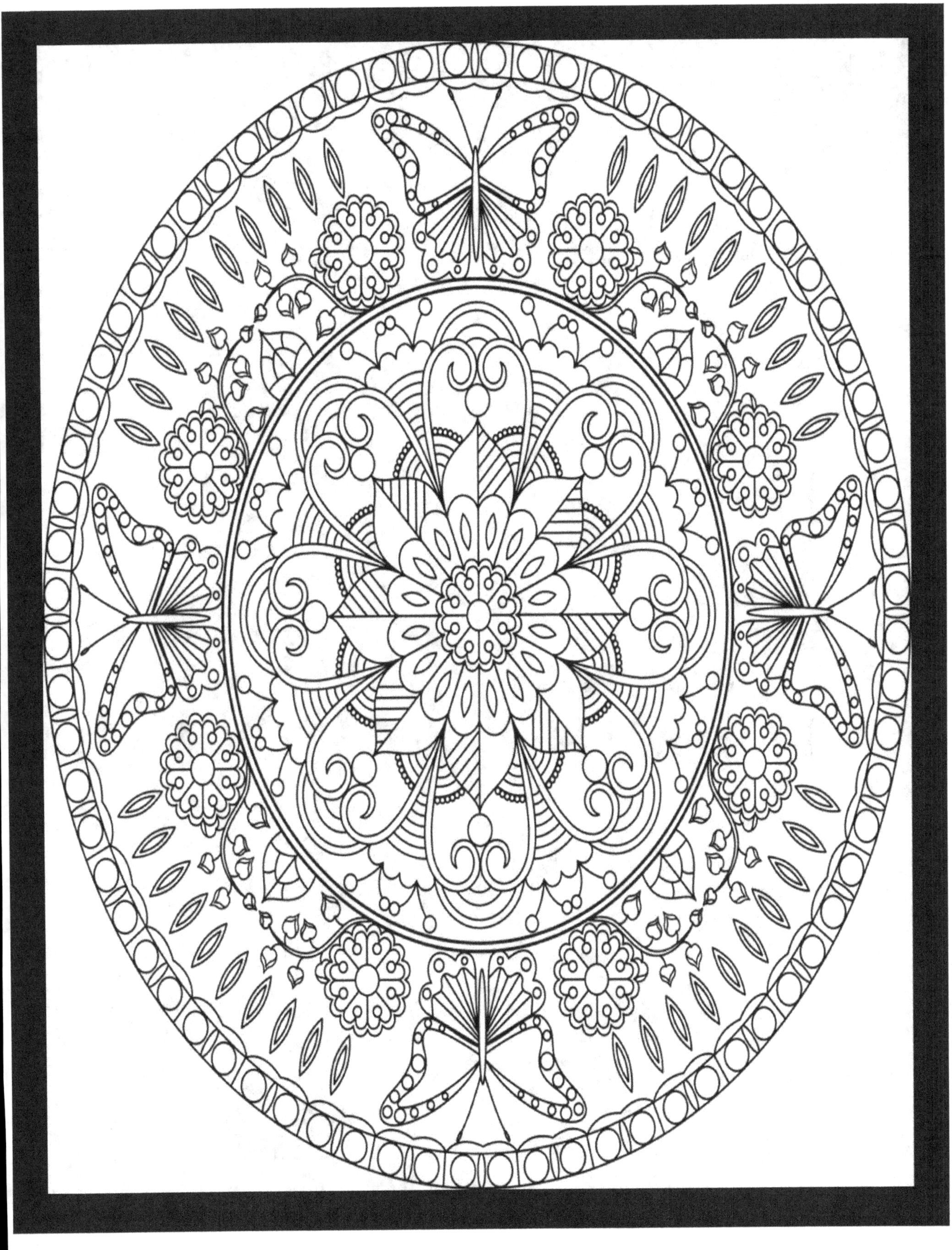

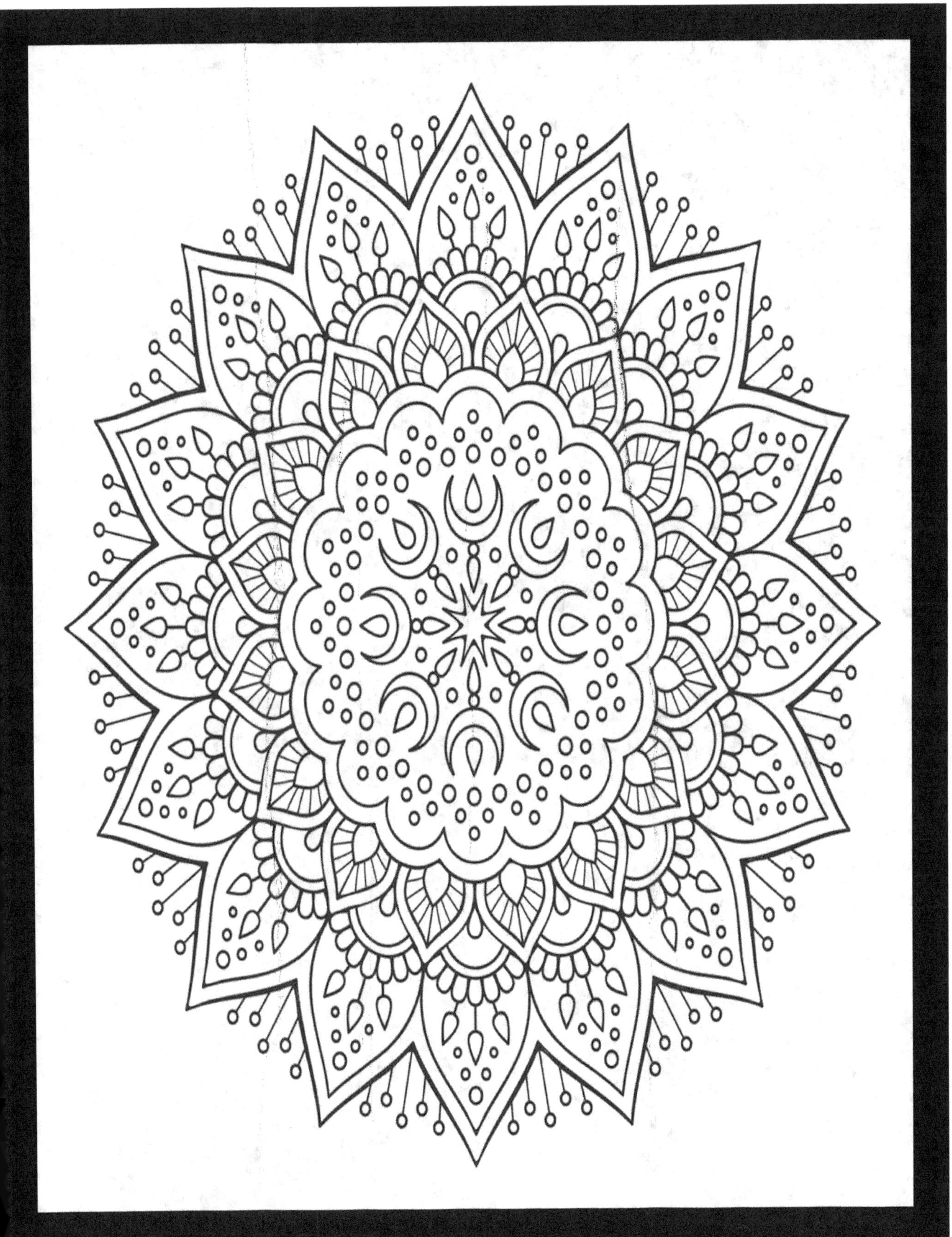

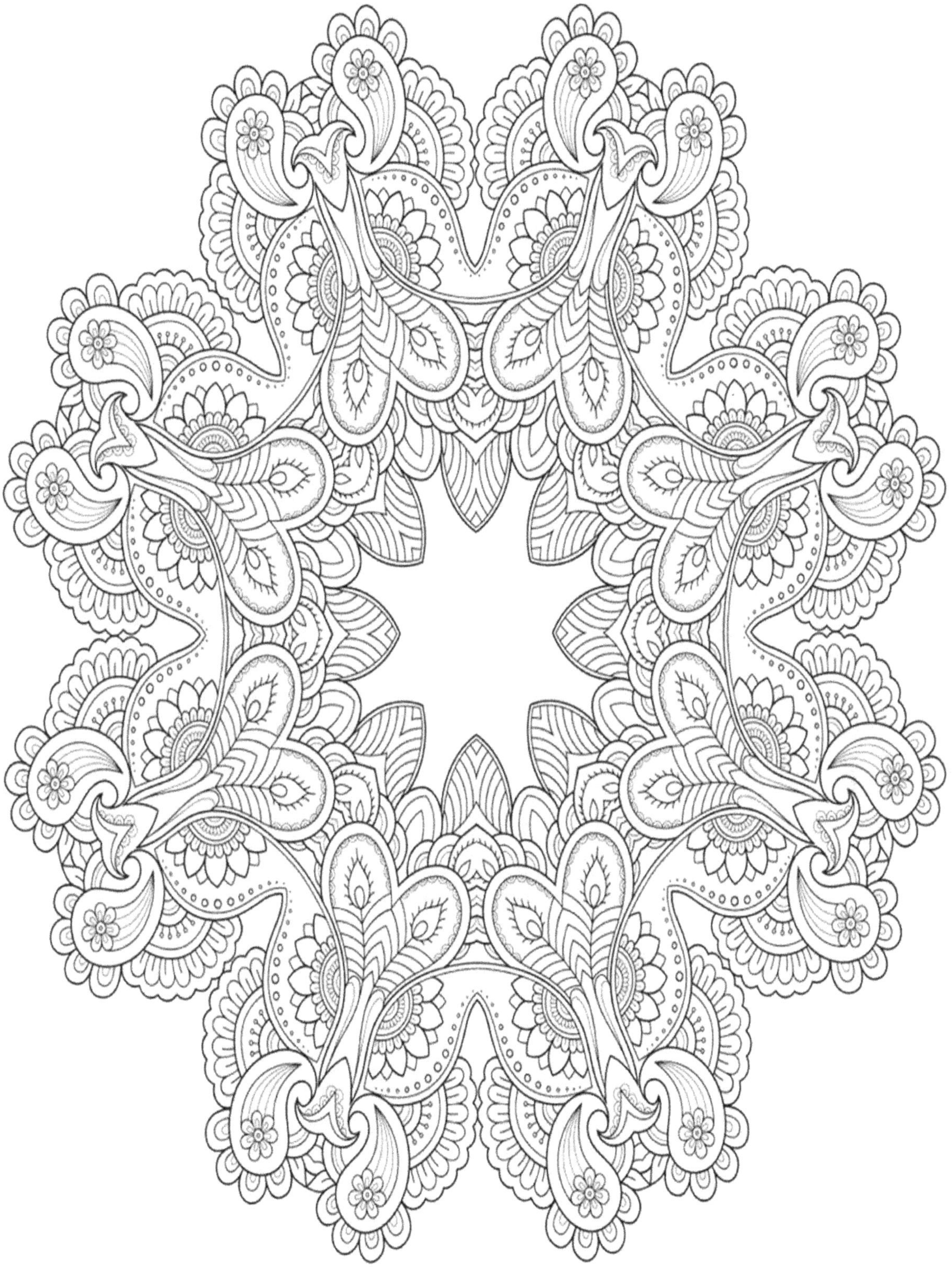

www.ingramcontent.com/pod-product-compliance
Lightning Source LLC
Chambersburg PA
CBHW080505220526
45465CB00006B/2388
9798652967291